심리를
알면
리더십이
보인다

심리를 알면

알면

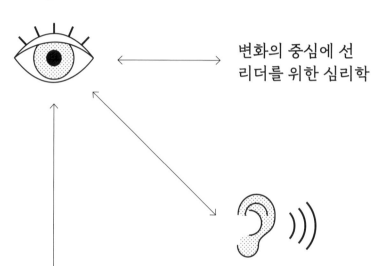

최윤식 · 김도환 · 구자복 지음

변화의 중심에 선
리더를 위한 심리학

리더십이

보인다

사회평론아카데미

심리를 알면
리더십이 보인다

요즘 리더들은 여러 어려움에 직면해 있다. 시대가 변하고, 세대가 변하면서 우리의 일터가 극심하게 변했기 때문이다. 리더들의 가장 큰 고민 중 하나가 구성원 동기부여다. '모두가 열심히 일하게 하려면 어떻게 해야 하나?', '구성원 각자의 지식과 경험을 회사에 잘 활용하게 하려면 어떻게 해야 하나', '구성원들을 좀 더 자발적이고 주도적으로 움직이게 하려면 무엇을 어떻게 해야 하나?'와 같은 고민 말이다.

그런데 마땅한 방법이 별로 없다. 한국 경제가 저성장기에 진입하면서 많은 기업에서 성장이 정체하거나 축소되고 있다. 반면에 지금 리더들은 고성장기라는 큰 흐름 속에서 성장한 사람들이다. 새로운 부서가 생기고 새로운 역할이 필요해지면서 '내가 열심히 하면' 승진도 하고 보직도 받을 수 있었다. 그런데 상황이 달라졌다. '내가 열심히 해도' 승진하고, 팀장이 되고, 임원이 될 가능성이 확연히 낮아졌다. 성장 정체기여서 동기부여를 할 만한 유인이 부족해진 셈이다.

그 와중에 보상에 대한 구성원들의 기대는 어느 때보다 높다. 급여, 성과급, 복지 등의 정보들이 실시간으로 공유되고 있다 보니 비교가 일상인 세상이 됐다. 그래서 많은 회사가 연봉을 올려주고, 성과급도 지급하고, 새로운 복지제도를 도입하지만, 효과는 단지 그때뿐이다. 비교는 언제나 더 좋은 것, 더 많은 것과 하게 되고 그 결과는 늘 불만으로 귀결되기 때문이다.

그리고 구성원 관리와 소통방식도 일 대 다수의 매니지먼트에서 일대일의 개별적 관계로 전환되고 있다. 예전에는 여러 명 불러서 지시하고 보고받고 했는데 요새는 한 명 한 명 따로 상대해야 한다. 30년 동안 익숙하게 작동했던 조직 관리 방식은 한계에 다다랐는데, 마땅한 대안도 별로 없다.

그래서 리더십에 패러다임의 전환이 필요하다. 기업이란 화려한 건물, 조직체계, 전략적 분석 또는 5개년 계획 같은 것보다도 인간으로 이루어진 구성체이다. 리더들이 해결해야 할 문제 중 절반 이상이 사람에 관련된 것이다. 그러나 우리는 인간에 대해 배워본 적이 거의 없다.

심리학은 인간을 이해하는 학문이다. 따라서 리더십과 심리학은 불가분의 관계에 있다. 탁월한 리더는 리더십을 발휘할 때 사람의 마음을 이해하고 그것을 리더십에 적절하게 활용한다. 왜냐하면 모든 성과는 인간에 대한 깊은 이해에서 나오고, 인간에 대한 이해에는 심리학이 필요하기 때문이다. 따라서 심리학은 인간을 이해하고 인간을 동기화하는 능력의 원천일 뿐만 아니라 기업 경쟁력을 높이는 핵심 요소이다. 그리고 리더십의 차별성을 만드는 요소는 심리적 요인에 있다. 리더는 결국 사람을 리드하는 일을 하기 때문이다. 인간은 동일한 외부 자극에 동일하게 반응하는 기계 같은 존재가 아니다. 인간은 자극에 심리적으로 반응한다. 이 심리적 작용과 이에 따른 감정이 기계와는 다른 인간만의 본질을 만들어 낸다.

이 책은 개인적인 경험에서 출발했다. 저자 중 한 명은 마흔 넘어 직장을 그만두고 대학원 박사과정에 진학하여 무척이나 힘들었다. 학부와 석사과정에서 심리학을 전공한 것이 아니었기에 심리학 기본 지식이 없었고, 생소하고 어려운 심리학 개념들을 이해하고 따라가기에 벅찼다. 그런데 박사과정 3년 차의 어느 날 한 선배로부터 눈이 번쩍 뜨이는 조언을 들었다. "직장에서 15년쯤 인사 교육 업무를 했다며… 대체 왜 심리학 이론과 지식을 외우려고 해? 거꾸로 지금 배우고 있는 심리학 이론과 실험이 과거 직장 생활에 어떻게 적용되는지, 무엇을 설명해주는지 찾아봐."

라는 조언이었다. 그때부터 심리학을 새롭게 보게 되었다. 이 책은 직장 생활을 경험한 늦깎이 학생이 심리학을 어떻게 이해하고 적용하고 새로운 지식을 창출했는지에 대한 결과이기도 하다.

또한 이 책은 세 명의 저자가 그동안 리더들과 함께 리더십 워크숍 현장에서 고민하면서 느끼고 정리했던 내용들을 담고 있다. 지난 2021년부터 현재까지 『매일경제』에 연재해온 칼럼을 일부 수정 보완해 실었다.

인구통계학적으로는 50대 전후 팀장과 임원을 주로 염두에 두고 썼다. 이들이 현재 한국 사회에서 가장 고민이 많을 것이라 생각하기 때문이다. 중년이라는 인생의 과도기에 속한 집단, 많은 경험을 통해 성취했음에도 지금 힘든 시기를 보내고 있고, 힐링이 필요한 사람들이다. 물론 그 밑에서 일을 배우고 영향받고 있는 후배 세대와 팀장들에게도 도움이 될 것이다.

그런데 힐링은 정서적인 것도 있지만 지적인 것도 있다. 제대로 알면 정리되는 것이 있다. 좋은 이론은 현상을 설명해줄 뿐만 아니라 미래를 예측하는 데 도움을 주기 때문이다.

이 책의 1부는 사람과 환경을 이해하기 위한 기본적인 원칙들을 이야기한다. 책 전체를 받치고 있는 전제들이다. 2부에서는 요즘 팀원들을 어떻게 이해해야 하는지 다루었고, 3부는 리더십을 개발하기 위한 심리학적 가이드를 정리했다. 그리고 마지막에는 리더 본인의 인생 설계에 관해 도움이 될 만한 읽을거리를 부족하나마 혜안을 모아 보론으로 덧붙여 놓았다.

이 책에서 일관되게 강조하는 것은, 리더십의 변화는 자신으로부터 출발해야 한다는 것, 그리고 자신에서 타인으로 확장되는 것이라는 점이다. 그렇게 하기 위해서는 자신이 적절한 방식으로, 효과적으로 리더십을 발휘하고 있는지 돌이켜보아야 한다. 이 성찰이 리더의 성숙도이고, 그 성숙도가 타인을 향한 말과 행동의 수준을 결정하며, 결과적으로 조직의 성숙도로 이어질 것이다. 성숙한 리더는 언제나 자신의 개인적인 삶, 관계적인 삶, 조직에서의 삶을 돌아보면서 앞으로 나아간다.

저자인 우리 셋의 관계는 인연의 연속이다. 대학도, 전공도 다른데 셋 다 심리학 박사를 하고 함께 일한 지 10년이 훌쩍 넘었다. 셋이 함께하지 않았다면 결코 이 책이 세상에 나올 수 없었을 것이다. 나이 오십을 넘고 보니, 인생 중반전 이후 가장 중요한 것은 함께 할 수 있는 파트너가 있는지 여부이다. 신뢰하고 실력 있는 동반자의 여부. 그래야 덜 지치고 오래 갈 수 있다.

리더십 위기의 시대에 심리학과 경영학의 접점에서 현장에 도움이 되는 책을 만들어보자고 제안해준 사회평론아카데미 윤철호 대표에게 감사하며, 진행 과정에서 전체 맥락을 잃지 않도록 이끌어준 이소영 편집장과 임현규 팀장, 그리고 좋은 책이 나오도록 꼼꼼하게 편집 작업을 맡아준 한소영 편집자에게 다시 한번 감사하는 마음을 전한다. 또한 그동안 살아오면서 만난 수많은 분과의 인연이 모여, 여기 오늘에 이르렀다.

언제나 그렇듯이 가장 고마운 사람은 가족이다. 어떤 상황에서도 나를 응원하고 힘이 되어 주는 아내와 아이들 그리고 부모님께 감사드린다.

2024년 2월 저자 일동

차례

게임의 룰이
달라지고 있다

"6시가 조금 넘은 시간인데, 사무실이 텅 비었더라고요.
워라밸도 좋지만, 하루도 빠짐없이 이 시간에 다 퇴근한다는
건… 좀 이상하지 않나요? '소는 누가 키우나' 싶었어요." (A
임원)

"본인의 권리만 논하길 좋아하죠. 우리 때는 당장은 내가 좀
손해를 보는 것 같더라도 '회사의 성장이 곧 나의 성장' 이런
마음이 있었는데…." (B 부장)

"일은 우리의 절반, 연봉은 우리보다 2배, 열심히 하다가도
무임승차한 그 선배 때문에 일할 맛이 사라져요." (C 대리)

한국 기업들의 사무실 풍경이 예전과는 확연히 달라지고 있
다. 회사와 일에 대한 직원들의 열정도 어쩐지 시들해 보이고, 성
공에 대한 생각도 달라진 것 같다. 상사와 동료들과의 인간관계

도 이전 같지 않다. 심리학자 입장에서 볼 때 현재 한국 기업들이 직면한 중요한 변화는 인적 구성의 변화와 그에 따른 구성원의 인식 변화다. 그리고 이러한 변화는 막을 수도, 되돌릴 수 없다는 점이 핵심이다.

'우리가 남이냐'고? 당연히 남이지!

'우리가 남이가'라는 식의 집단주의는 과거 한국 기업사회의 대표적 특징이다. 함께 어울려 일하고, 공동의 목표를 위해 개인을 희생하고, 그런 희생을 묵묵히 참고 견뎠다. 의무처럼 돌잔치에 오가야 했고, 통과의례처럼 집들이를 해치웠다. 워크숍을 빙자한 야유회도 흔한 일이었다.

한국의 집단주의는 정서적 유대감, 동질성, 일체감 같은 심리적 연대감을 공유하는 확대된 가족 의식을 반영한다. 즉 가족처럼 가깝게 지내며 정을 쌓는 일이 필요하고, 그 결과 남과 '우리'를 구분 짓고, '우리'의 결속을 강화했다. 그리고 이런 심리는 공과 사의 구분을 어렵게 만들었다. 이런 조직에서 사람들은 자신의 이익을 지키기 위해 공적인 조직에서도 사적인 관계망을 만들고 확대하려고 노력했다. 조직 내에서 학연, 지연과 같은 연고주의가 만연하고, 누가 누구와 친한지가 인사에 큰 영향을 미쳤다.

"저녁에 술 마시면서 사람들을 많이 만나고, 거기서 내가 열외가 되면 여러 가지 불이익을 받고, 그런 게 있었지요." (D 부장)

인간관계가 절대적인 조직문화에서는 그 관계망에 들어가지 못하면 소외되고 낙오될지 모른다는 두려움이 있을 수밖에 없다. 따라서 비자발적인 모임과 관계가 점점 많아진다. 이게 상명하복의 조직문화와 결합하면 개인의 희생은 당연한 것이 돼버린다. 그나마 위안은 한국 경제의 고도성장과 맞물리면서 달콤한 결과도 따라왔다는 점이다. 회사도 성장했고, 나도 승진했고, 월급봉투도 두꺼워졌다. 그 과정에서 성취감도 맛볼 수 있었다. 회사에 대한 충성이 곧 나의 미래에 대한 충성이었다.

그런데 시대가 변했다. 경제 규모가 커지면서 전체적인 성장률 추이는 둔화됐다. 국가도 기업도 과거처럼 두 자릿수 성장은 기대하기 어렵다. 성장이 정체되자 '비교'가 일상화됐다. 과거와 현재, 나와 남을 비교하고, 우리 회사와 다른 회사를 비교했다. 이런 상황에서 비교는 늘 상향비교다. 내가 갖지 못한 것과 남이 가진 것을 비교하고, 다른 회사의 장점과 우리 회사의 단점을 비교한다. 결과적으로 온통 불만만 남는다.

이 과정에서 한국 사회는 집단주의적 가치가 쇠퇴하고 개인주의적 가치가 부상했다. 그런데 이 개인주의적 가치는 이기주의와 혼동되어 나타난다. 수직사회에서 수평사회로의 전환도 빠르게 진행되고 있다. 이런 변화와 맞물려, 50대 비보직자와 밀레니얼 세대라는 거대한 인구집단이 전면에 등장했고, 이로 인해 조직문화의 변화가 급격히 진행되고 있다.

저성장기에 개인주의적 가치관을 가진 밀레니얼 세대는 회사가 나를 지켜주고 키워줄 것이라 믿지 않는다. 이들은 선배 세대와 달리 조직에서 성공하지 않고도 행복할 수 있다. 그러다 보니 직장에서는 적당히 일하고, 적당히 즐기겠다는 생각을 가지기도 한다. 물론 치열하게 일하는 사람도 있다. 그런데 이들도 선배 세대와 다르다. 이들은 진급 잘되는 부서나 엘리트 코스에 연연해하지 않는다. 경력 관리는 자기가 알아서 하겠다는 생각이다. 그리고 일이나 사람이 자신과 맞지 않으면 대책이 없어도 회사를 그만둘 수 있다. 기성세대에서는 상상하기 어려운 결정을 이들은 실제로 한다.

'대학 입학했으니까 논다' 대 '회사 입사했으니까 논다'

모든 현상에는 이면이 있다. 기성세대와 밀레니얼 세대의 인식 차이는 우연히 생겨난 것이 아니다. 그러한 차이를 만들 수밖에 없는 경험들이 차곡차곡 쌓인 결과다. 1980, 1990년대 대학을 떠올려보자. 대학에 입학한 것만으로 이들은 '선택받은' 젊은

게임의 룰이
달라지고 있다

이였다. 입학하자마자 동아리 활동을 시작으로 학생운동, 아르바이트, 연애 그리고 고시 준비 등 다양한 인생 경험을 하며 대학 시절을 보냈다. 당시는 '대학 입학=고생 끝'이었다. 대학만 들어가면 모든 제약에서 해방되었고 비로소 자유롭게 놀 수 있었다. 이런 사람들이 지금의 기성세대이다.

그랬던 캠퍼스 풍경이 IMF와 금융위기 등을 거치면서 상당한 변화를 보였다. 이후의 젊은이들은 선배 세대처럼 대학에 입학해도 놀 수 없었다. 이들에게는 입시지옥이 끝나고 입사지옥이 기다리고 있었다. 대학 4년 내내 학점과 스펙 쌓기로 시간을 보낼 수밖에 없었고, 이렇게 대학 시절을 보낸 사람들이 현재 대기업에 입사하고 있다. 그 결과 이들은 인생에서 처음으로 자유를 느낀다. '대기업 입사=고생 끝'이라는 심리적 경험을 하는 것이다. 입사했으니까, 이제 놀 수 있다는 것이다. 기성세대가 대학에 입학한 후 자유롭게 놀았다면 요즘 세대는 입사 이후 안정된 입지를 구축하고 나서 워라밸을 추구한다.

요즘 세대와 요즘 리더가 공생하는 법

달라진 게임의 룰은 리더의 대처방식에도 변화를 요구한다. '일사불란한, 가족 같은, 끈끈한, 희생과 헌신' 같은 과거의 패러다임으로 미래를 살아갈 수는 없다. 또 대규모 공채, 호봉제, 균

등 배분, 정년과 임금피크 등 고도 성장기에 적합했던 인사관리 제도로 현재와 미래를 설계해서도 안 된다.

그렇다면 어떻게 길을 찾아야 할까? 요즘 리더가 당면한 낯선 시대, 낯선 세대를 해석하고 대응하는 데 심리학적 접근은 꽤 효과적인 수단이 될 것이다. 사람을 이해하고 변화의 길을 찾아보자는 것이다. 물론 변화가 하루아침에 될 일은 아니다. 지금 하지 않는다고 해서 당장 큰일이 벌어질 것 같지도 않아 보인다. 하지만 나니아 연대기를 쓴 작가 C. S. 루이스가 말한 이 경구는 기억했으면 좋겠다.

"지옥으로 향하는 가장 안전한 길은 경사가 심하지 않고, 바닥은 부드러우며, 갑작스러운 굴곡이나 이정표와 표지판이 없는 완만한 길이다."

1부

사람의 마음이란
무엇일까?

심리학에서 배우는
사람의 마음

1

우리는 모두
자기중심적이다

**만약 우리가 각기 다른 현실을
살고 있다는 사실을 인정한다면,
완전히 새로운 시대가
시작될 수 있을 것이다.**

심리학자 칼 로저스^{Carl Rogers}

"며칠 동안 이번 프로젝트 마무리하느라 고생했으니까, 저녁에 한잔합시다."

"너무 힘들어서 오늘은 일찍 퇴근하고 싶습니다."

"그러니까 한잔하면서 풀어야지. 사양하지 말고 일어나세요. 자, 갑시다!"

"힘든데 왜 회식을 하자는 거지? 그럼 더 힘들기만 한데…."

"내가 즐거우니 너도 즐거울 거야."

심리학에서 알아낸 우리 마음의 작동 방식에서 가장 중요한 진실은 무엇일까? 바로 자기중심성이다. 인간은 누구나 자기중심적으로 생각하고 행동한다. 마치 태양이 지구를 중심으로 돈다고 믿었던 중세 사람들처럼 말이다. 그때나 지금이나 여전히 인간은 자기 주변 상황을 인식하고 판단할 때 스스로를 기준으로 삼는다. 예를 들어 체력이 좋은 사람은 남들도 체력이 좋은 줄 안다. 그래서 등산에서 뒤처지는 사람, 일하면서 쉽게 피곤해하는 사람을 이해하기 어려워한다. 술을 잘 마시는 사람은 술을 못 마시는 사람을 이해하기 어렵다. 그래서 그 정도 먹어서는 안 취한다거나, 술은 원래 취하라고 마시는 거다, 정신력으로 버티는 거다, 마시다 보면 주량도 일취월장하는 거다, 라고 말하곤 한다. 산

우리는 모두
자기중심적이다

을 좋아하는 리더는 다른 사람들도 한번 등산의 맛을 알고 나면 산을 좋아하게 될 것이라고 철석같이 믿고 주말 산행을, 낚시를 좋아하는 리더는 다른 사람들도 월척을 낚는 손맛의 짜릿함을 좋아할 거라고 생각하며 밤샘 낚시를 권한다. 그래서 리더가 등산이나 낚시에 빠지게 되면 팀원들도 덩달아 주말에 바빠진다.

그런데 이 상황에서 정작 리더 본인은 자기중심적이라고 생각하지 않을 수 있다. 술을 마시자고 권유한 건 리더 자신을 위해서가 아니라 힘들게 고생한 팀원들을 치하하려는 거다. 나도 집에 가고 싶지만 직원들을 배려하기 위한 '이타적인' 행동을 한 것이라고 생각한다. 자기 입장에서만 생각하기 때문이다.

자기중심성이란 사물이나 상황을 인지할 때 다른 사람의 관점이나 입장을 고려하지 않고 자기중심적으로 사고하고 행동하는 심리적 특성을 말한다. 사람들은 자기의 생각, 가치, 성향이 지극히 상식적이며, 자신이 세상의 보편적 존재라고 믿는다. 이로 인해 자기의 생각이 언제나 옳고, 자기의 기준이 가장 이상적이라고 여기며, 그래서 자신과 다른 생각이나 견해는 쉽게 무시하거나 비난한다.

이런 자기중심성은 아동기 초기에 나타나서 사춘기, 소위 '중2병'이 나타난다고 불리는 시기에 특히 두드러진다. 실제보다 자신이 더 독특하고 중요한 존재라는 편견에 빠지는 것이다. 자기중심성은 성인이 되어서도 사라지지 않는다. 즉 자기중심성은 모든 인간에게 나타나는 기본적인 특성이다. 누가 더 많이 배웠고 못 배웠고, 누가 더 합리적이고 덜 합리적이고, 누가 더 착하고 나쁘고의 문제는 아니라는 의미다.

심리학자 리프 반 보벤Leaf van Boven과 조지 로벤스타인George Lowenstein은 흥미로운 방식으로 인간의 자기중심성을 증명해 보였다.[1] 실험 참가자인 대학생들에게 물도 음식도 없이 조난된 등산객이 얼마나 목이 마르고 배가 고플지, 그리고 목마름과 배고픔 중 어떤 것이 더 절실할지 예상해보는 과제가 주어졌다. 과제를 수행하기 전, 실험 참가자들은 두 집단으로 나뉘어 한 집단만 20분 동안 격렬한 운동을 수행했다.

실험 결과, 격렬한 운동을 한 집단은 운동을 하지 않은 집단에 비해 등산객들이 갈증 때문에 더 괴로울 것이라고 응답한 비율이 높았다. 또한 격렬한 운동을 한 집단은 음식보다는 물을 가져오지 않은 것을 더 많이 후회할 것이라 예측했다. 실험 직전 운동을 해서 갈증을 느낀 사람들은 등산객들 역시 자신들처럼 배고픔보다 갈증을 더 많이 느낄 것이라 생각한 것이다. 이 결과는 타인의 상태를 추론하는 공감 과정에도 자기중심성이 개입한다는 사실을 잘 보여준다.

우리는 모두
자기중심적이다

잘되면 제 탓, 못되면 남 탓

자기중심성은 자신을 기준으로 상황을 인식하는 데서 끝나지 않는다. 어떤 행동이나 결과의 원인을 추론하는 것을 심리학에서는 '귀인歸因'이라고 하는데, 이때도 주체가 자신이냐 남이냐에 따라 판단이 달라진다.

	자신	타인
성공할 때	능력 덕	상황 덕
실패할 때	상황 탓	능력 탓

예를 들어 자신의 성공은 자신의 능력에 귀인한다. 내가 승진한 건 내가 남들보다 열심히 하고 잘했기 때문이다. 우리 회사 인사제도는 공정하고, 인사팀이 사람 보는 눈은 정확했던 거다. 반면 자기 실패는 상황 탓이다. 내가 이번에 승진이 안 된 건 나를 싫어하는 상사 때문이다. 아무튼 우리 회사 인사는 문제가 많고 제대로 사람 볼 줄도 모른다.

반대로 다른 사람의 성공은 상황에 귀인한다. 나보다 먼저 승진한 동기는 좋은 상사를 만났거나 운이 따랐기 때문이다. 역시 직장 생활은 운칠기삼運七技三이다. 한편 남이 실패한 경우에는 그 사람 개인 탓을 한다. 이번에 승진에서 떨어진 그 동기는 원래 능력도 별로였고 열심히 하지도 않았으니 당연한 결과라는 것이다.

이렇게 자신의 성공과 타인의 실패는 개인의 특성에 귀인하고, 자신의 실패와 타인의 성공은 주변 환경에 귀인하는 것을 심리학에서는 '기본적 귀인 오류fundamental attribution error'라고 부른다. 얼마나 보편적으로 일어나는 오류이면 '기본적'이라는 말이 붙었을까?

서류를 건넬 때조차 자기중심성이 드러난다

자기중심성은 인간의 기본적인 특성이지만 사회적 지위가 높고, 권력이 세고, 재산이 많을수록 그 경향이 더 두드러진다는 여러 연구 결과가 있다. 2006년 노스웨스턴대학교 켈로그경영대학원의 심리학자 애덤 갤린스키Adam Galinsky 교수 연구팀은 사회적 지위가 높고 권한이 커질수록 자기중심적 사고가 더 강화된다는 결과를 발표했다.[2] 연구 참가자들은 손가락으로 자신의 이마에 대문자 E를 써야 했는데, 권력 그룹power group은 자신의 관점에서 보는 E를 쓴 반면, 비권력 그룹에서는 상대방이 알아보기 쉽게 E자를 쓴 경우가 세 배 이상 많았다. 사회·경제적 지위가 높을수록 타인의 관점이나 입장을 고려하지 않는 경우가 많은 셈이다.

이 경향은 리더의 역할을 수행할수록 강화되는 측면이 있다.

우리는 모두
자기중심적이다

현실에서 대문자 E를 쓰는 실험과 비슷한 예를 떠올려보자. 상사에게 서류를 내밀 때 부하 직원은 상사가 보는 방향으로 돌려서 서류를 내민다. 이유는 간단하다. 상사가 잘 볼 수 있도록 하기 위해서다. 한편 상사가 그 서류를 검토한 후 돌려줄 때 부하 직원의 방향으로 돌리는 일은 드물다. 사소한 일에 불과할지 모르지만 중요한 시사점이 있다. 리더가 다른 사람의 입장을 고려하지 않게 되는 이유는 자신의 입장만 생각해도 리스크가 뒤따르지 않기 때문이다. 반면 사회·경제적 지위가 낮을수록 주변 사람으로부터 영향을 받을 일이 많은 탓에 타인의 생각과 감정에 더 주의를 기울일 수밖에 없다. 서류를 거꾸로 내밀면 상사는 불쾌해할 수 있지만 부하 직원은 그러지 않는 현실 때문이다.

그래서 직장인들은 부하직원이나 후배와 함께 있을 때보다 상사나 선배와 함께 있을 때 상대를 더 많이 의식하고 눈치를 본다. 자기중심성을 최대한 억제하고 타인 중심으로 생각하고 행동하려고 애쓴다. 이렇게 아랫사람은 자연스럽게 자기중심성을 극복해가지만 윗사람은 그렇지 않다. 따라서 지위가 높고 권력이 센 사람은 자신의 말과 행동을 더 자주 성찰할 필요가 있다. 단순히 서류 방향의 문제가 아니다. 이러한 일들은 업무 곳곳에서 일어나기 때문이다.

리더의 지나친 자기중심적 사고는 조직 전체를 복지부동伏地

不動하고 표리부동表裏不同하게 만들며 무기력하게 만든다. 리더들이 보이는 자기중심적인 모습의 대표적인 예로는 "안 봐도 알 수 있어."(과잉 일반화), "아무리 봐도 내 말이 맞네."(확증 편향), "내가 한 수 위야."(우월감), "나에게 불가능은 없어."(과잉 통제감) 등이 있다. 이러한 말과 생각은 자신감의 발현으로 포장되곤 하지만, 리더의 자기중심성이 조직을 잠식하고 무기력하게 만들고 있다는 위험 신호일 수 있다.

아무리 합리적이고 객관적이 되려고 노력해도 사람은 상당히 자기중심적일 수밖에 없다. 인간은 그렇게 태어나기 때문이다. 따라서 성숙한 리더십은 나와 남에게 적용하는 기준을 동일하게 만드는 것이 아니다. 자기만큼은 그게 가능하다고 믿는다면, 이 역시 또 다른 자기중심적 사고이다. 따라서 자신에게 적용하는 기준과 타인에게 적용하는 기준이 같지 않다는 사실을 먼저 인정해야 한다. 그런 다음 이 격차를 해결할 방법을 찾으려고 시도하는 것이 성숙한 리더이자 리더십이다.

"우리 각자에게는 자기만의 진정한 현실real world이 있다. 이 현실의 숫자는 이 세상에 존재하는 사람의 숫자와 같다. 만약 우리가 각기 다른 현실을 살고 있다는 사실을 인정한다면, 완전히 새로운 시대가 시작될 수 있을 것이다." 미국의 심리학자인 칼 로저스Carl Rogers의 말이다.

사람으로서 건강한 인간관계를 맺고 성숙한 리더십을 발휘하기 위해서는 평소 자신의 자기중심성을 감지하고 의식할 수 있어야 한다. 인간의 자기중심성은 본능적이고 자연스러운 경향이기 때문에 이를 경계하기 위해서는 훈련과 연습이 필요하다. 이럴 때는 타인과 상호작용하는 기회를 많이 만드는 것이 도움이 된다. 특히 부정적인 상황에서 더욱 남 탓, 환경 탓을 하게 되기 때문에 자기만의 늪에 빠지지 않으려면 좋은 상호작용이 필수적이다. 상호작용하는 과정에서 서로의 자기중심성을 이해하고 스스로를 돌아보면 지혜를 얻고, 성장과 성숙을 이룰 수 있다.

다시 처음의 대화 상황으로 돌아가보자. "오늘은 일찍 퇴근하고 싶습니다."라는 말에 "그렇군요. 이 프로젝트 하느라 고생 많았어요. 오늘은 들어가서 푹 쉬어요."라고 답했다면 어땠을까?

2

자기인식은
언제나 중요하다

우리 중 95퍼센트는
자신을 잘 알고 있다고 믿지만,
자신을 제대로 파악하는 사람은
10~15퍼센트에 불과하다.
우리는 다른 사람의 조언 없이
자신의 맹점을 볼 수 없다.

조직심리학자 타샤 유리크 Tasha Eurich

"최근 리더십 다면진단 결과를 받아보고 많이 당황스러웠어요.
생각보다 제 리더십에 대해 저와 팀원들이 인식하는 게 많이
달랐거든요. 특히 놀랐던 점은 경청과 자율성 부분이었어요. 평소
팀원들 의견을 잘 들어주고, 어느 정도는 믿고 맡기는 편이라고
생각했는데, 팀원들의 응답은 거의 반대더라고요. 지난 회의
장면들이 스치면서 특정 직원이 유독 점수를 낮게 준 것이 아닌가
하는 생각도 들고, 마음이 영 불편했어요." (A 상무)

"다면진단의 취지는 대충 알겠는데, 결과를 받아보면 이게
인기투표인지 상사 골탕 먹이려는 건지 모르겠어요." (B 이사)

이처럼 다면진단에 대한 리더들의 마음은 불안, 혼란, 억울
함 같은 부정적 정서가 대부분이다. 하지만 과연 우리는 자기 자
신에 대해 잘 알고 있을까? 내가 생각하는 내 모습과 남들이 보는
내 모습은 같을까 다를까? 그리고 내가 보는 나와 남들이 보는 나
를 비교하며 내 모습을 정확하게 인식하는 것은 왜 중요할까?

자신을 잘 알면 실수가 적다

최근 리더십 개발에서 자기인식이 중요한 화두가 되고 있다.
자신이 어떤 사람인지, 남들에게 어떻게 보이는지 아는 리더가
더 효과적으로 소통하고 조직의 성과도 향상시킬 수 있기 때문
이다. 리더는 자기인식을 통해 자기가 스스로를 보는 방식과 다

른 사람이 자신을 보는 방식을 비교함으로써 의사 결정과 대인 관계를 개선하는 동기를 얻고, 자신의 말과 행동이 다른 사람에게 어떤 영향을 미치는지 상대방의 입장에서 생각해보는 자기객관화 능력을 키운다. 이는 더 나은 의사소통과 더 좋은 성과로 이어진다.

'당신 자신을 잘 알고 있는가?'라는 질문에서 '자신을 안다'라는 수준의 폭과 깊이는 각기 매우 다양하게 나타나지만, 여러 연구를 통해 발견된, 자신을 잘 안다고 하는 리더들의 공통점은 이렇다.

첫째, 자신의 강점과 약점 아울러 자신이 어떤 스타일로 리더십을 발휘하고 성과를 만드는지에 대해 알고 있다. 그래서 자신이 타인과 어떤 방식으로 소통하고 상호작용하는지에 대해서도 인식하고 있다.

둘째, 자기인식이 뛰어난 리더는 자신보다 타인의 입장을 먼저 고려하려 한다. 일반적으로 사람들은 자신이 상대방에게 미치는 영향력을 상대방이 자신에게 미치는 영향력보다 과소평가하는 경향이 있다. 하지만 자기인식이 높은 리더는 자신의 말과 행동이 다른 사람에게 어떤 영향을 주는지 알고 있으며, 자신의 말과 행동을 타인이 어떻게 해석하는지에 대해서도 적절하게 의식하고 있다. 스탠퍼드대학교에서 이뤄진 한 연구에서는 리더의 성공을 예측하는 요인으로 IQ와 기술적 능력보다 자기인식을 더 중요하게 꼽았다.[3] 즉 리더가 하는 일이나 그 방식뿐만 아니라, 리더가 하는 일과 그 방식을 다른 사람들이 어떻게 해석하는지 리더 자신이 아는 것이 중요하다는 것이다.

심리학이나 경영학 연구에서는 리더가 자기 자신을 정확히 알 때 더 자신감이 커지고, 일관성을 발휘할 수 있으며, 타인과 효과적인 관계를 구축할 수 있다고 밝히고 있다. 이러한 과정을 통해 상호 협력이 증진하고 의사소통 능력이 향상되어, 궁극적으로 업무 성과를 높인다. "가장 뛰어난 사람들은 자기 리더십에 대해 이야기할 수 있는 사람들이다. 자신에 대해 이야기할 수 있는 사람들은 자신을 잘 아는 사람이다." 미시간대학교의 리더십 분야 권위자인 노엘 티시Noel Tichy의 말이다.[4]

리더의 자기인식 능력은 의사 결정의 수준과도 직접적으로 관련된다. 캐나다 웨스턴온타리오대학교의 경영학자인 J. 로버트 미첼J. Robert Mitchell 등이 미국 내 460여 개 기업의 CEO를 대상으로 한 연구 결과,[5] CEO들은 예상보다 의사 결정 과정에서 실수를 많이 저지르며, 이런 실수가 치명적인 결과를 가져온다는 사실을 밝혔다. 이때 성패의 핵심은 CEO의 자기 객관화 능력에 달려 있었는데, 자기인식이 되는 경우 잘못된 의사 결정을 할 확률이 36퍼센트인데 비해, 자기인식이 제대로 되지 않는 경우 잘못된 의사결정을 할 확률은 무려 70퍼센트에 달해 거의 두 배나 높았다. 따라서 자신을 아는 것이야말로 실수를 줄이는 핵심 요인이며, 리더는 자신을 객관적으로 보려는 연습을 해야 한다고 강조했다. 그래서인지 세계 유수의 경영대학원에서는 리더십 개발의 중요한 단계로 자기인식에 중점을 둔 프로그램을 설계, 운영하고 있다.

지위가 높을수록 자신을 모른다

좋은 조건을 다 갖추고 싶어 하는 것은 인간으로서 당연한 욕구다. 인물, 성격, 재산, 능력을 다 갖춘 배우자를 원하는 심리나, 연봉 높고, 평판 좋고, 여유로우며, 안정적인 직장을 찾는 심리는 동일하다. 우리는 리더십에 대해서도 동일한 심리를 갖는다. 결단력과 카리스마, 배려와 인내, 전략과 통찰력 그리고 유머 감각까지, 리더십 덕목이라면 다 갖고 싶어하지 않는가? 그런데 문제는 이런 이상적인 기대치를 모두 갖추고 있는 사람이나 리더는 찾아보기 힘들고, 자신도 그런 이상과 거리가 멀다는 불편한 현실이다.

앞서 살펴보았듯이 리더의 자기인식이 리더십 개발과 경영성과 향상에 중요한 요인으로 손꼽히고 있음에도, 정작 리더의 자기인식은 그다지 관심을 받지 못했다.

그 이유는 여러 가지다. 첫째, 우리는 공식적 또는 비공식적으로 모든 것을 다 잘하고 모든 것을 완벽히 갖춘 영웅적인 리더십을 강조해왔기 때문이다. 내가 나를 알고 나답게 리더십을 발휘하는 것이 아니라 역사 속의 위인이나 애플의 스티브 잡스Steve Jobs, 아마존의 제프 베이조스Jeff Bezos 같은 최고의 CEO 리더십을 벤치마킹하면 나도 그렇게 될 수 있으리라고 기대한 것이다. 하지만 현실에서 그런 일은 일어나지 않는다. 왜냐하면 내가 처한 상황은 그들이 처한 상황과 다르고, 나는 스티브 잡스도 제프 베이조스도 아니기 때문이다.

둘째, 리더가 지식과 경험이 풍부하면 오히려 지나친 자신감을 가져 자기인식의 필요성을 무시하기 때문이다. 성찰 없이 무작정 쌓인 경험은 독이 되어 리더의 자만심을 키우기도 한다. 우리는 자기가 한 결정이나 행동의 이유를 이성적이고 의식적으로 확인할 수 있을 거라고 기대하지만, 인간의 마음은 이성적인 방식으로만 작동하지 않으며, 완전히 편견을 배제하고 판단하기란 불가능하다. 그래서 경험이 많은 리더가 경험이 적은 리더에 비해 자기인식의 정확도가 떨어지기도 한다.

셋째, 리더로서 힘과 권력을 얻으면 자기인식에 필요한 정보를 얻기가 더 어려워지기 때문이다. 아무리 시대가 변했다고 하지만 권력을 가진 상사 앞에서 반대 의견을 가감없이 드러낼 수 있는 사람이 얼마나 될까? 구성원들은 자신보다 지위가 높고 권력이 센 리더에게 솔직하게 피드백하기를 어려워한다. 솔직하게 피드백을 하면 자신의 직장 생활이 위협받을지도 모른다는 두려움 때문이다. 또 성공 경험이 많은 리더일수록 건설적인 피드백을 불편하게 받아들인다. 덴버대학교 경영학 교수인 제임스 오툴James O'Toole은 권력이 큰 리더일수록 자신이 직원보다 더 많이 안다고 생각하기 때문에 경청하려는 의지가 줄어든다고 말한다. 지위가 높은 리더일수록 자신을 과대평가하고 적절한 피드백을 받지 못할 가능성이 커지는 것이다.

역사상 유일하고도 가장 확실한 학습 방법

리더십은 리더가 가지고 있는 것일까, 구성원의 마음속에 있을까? 리더십은 어디에 존재할까? 물론 둘 다일 것이다.

앞서 리더의 자기인식이 좋은 성과를 올리는 핵심 요인이라고 지적했지만, 리더가 자기인식을 정확하게 하기는 쉽지 않다. 조직심리학자 타샤 유리크Tasha Eurich는 "우리 중 95퍼센트는 자신을 잘 알고 있다고 믿지만, 실제로 자신을 제대로 파악하는 사람은 10~15퍼센트에 불과하다. 우리는 다른 사람의 조언 없이는 자신의 맹점blind spot을 볼 수 없다."라고 말한다.[6] 그래서 성공하는 리더는 자기평가를 포함해 다양한 이해관계자의 관점에서 성과를 평가받는 360도 다면평가와 비공식적인 상호작용, 회의 등을 통해 상사, 동료, 부하 직원 등의 비판적 피드백을 받음으로써 자기인식을 보다 정교화할 수 있다. 리더는 이러한 과정을 통해 자신에 대해 더 잘 알게 되고, 나아가 여러 구성원과 더 효과적으로 상호작용할 수 있게 된다. "역사상 유일하고도 확실한 학습 방법은 피드백이다." 경영학의 아버지라 불리는 피터 드러커^{Peter Drucker}의 말이다.[7]

타인에 의한 피드백은 언제나 불편하다. 하지만 피드백이 없으면 리더십이 망가진다. 다면진단과 피드백을 받은 한 리더는 "내가 하고 있는 것과 구성원들이 받아들인 것 사이의 차이를 확인할 수 있었고, 앞으로도 적절한 방식으로 나에 대한 인식을 확인할 필요성을 절감했어요."라는 소감을 남겼다. 중요한 건 불편한 진실을 직면하면서 내가 해야 하는 일이 무엇인지, 나에게 기대하는 것이 무엇인지 확인해 보는 계기를 만드는 것이다. 좋은 리더인지 여부는 리더인 내가 아니라, 함께 일하는 팀원들의 마음에서 결정되기 때문이다.

3

객관성은 좋고
주관성은 나쁘다?

모든 경험은 주관적이다.

인류학자 그레고리 베이트슨 Gregory Bateson

"객관적으로 요즘 신입사원들은 도대체 열정이 없어요. 일하겠다는 사람을 뽑아야지 왜 이런 사원만 뽑은 건지…." (A 팀장)

"우리 팀장님은 회의 때마다 그러세요. 자기 마음은 열려 있으니까 각자 솔직히 의견을 얘기해 보라고요. 근데 우리 생각을 털어놓아도 팀장님이 생각하는 방향과 다르면 '주관적 경험이나 입장 말고 객관적인 이야기'를 하라고 해요. 그렇게 자꾸 객관성을 강조할수록 얘기하기는 힘들어져요. 그래서 다들 말이 없어지죠." (B 팀원)

'객관적'이란 말의 이면

사람들은 습관적으로 '객관적'이라는 말을 많이 쓴다. 특히 직장에서 회의를 하고 의사 결정을 할 때 객관적인 판단을 강조하면서 이 말을 과학적이고 합리적이란 말과 동일시한다. '객관적' 또는 '객관성'이란 관찰자의 인식이나 믿음과는 무관하게, 한 개인의 추론이나 해석과 관계없이 존재하는 것을 의미한다. 누가 보더라도 동일하게 인식하는 것을 우리는 '객관적'이라고 말한다.

그런데 우리가 직장에서 마주하는 문제 상황에는 모두가 명쾌하게 합의할 수 있는 정답이 없는 경우가 많다. 크게는 회사의 주요 전략을 결정하는 데서부터 작게는 부서 회식 메뉴를 정하는 일까지 대부분은 이런저런 선택이 가능하다. 우리가 일상에서 경험하는 일 대부분은 애매해서 다양한 형태로 인식하고 해석할 수 있다. 예를 들어 회사 내 인사, 보상, 조직 개편 같은 주제는 어떤 결정에도 늘 말이 많이 나온다. 각자의 입장에 따라 유불리에 대한 해석과 판단이 달라지기 때문이다.

객관성이 생명인 자연과학에서와 달리, 인간이 관련된 영역에서는 주관성이 개입될 수밖에 없다. 복잡한 사회적 상황에서 사람들은 각자의 의식, 믿음, 태도, 가치 등을 반영하여 대상이나 이슈를 해석하고 판단한다. 세상을 있는 그대로 보는 것이 아니라 자기가 보고 싶은 대로 보는 것이다. 심리학자들은 이것을 '인간의 주관성'이라고 부른다.

그런데 우리는 일반적으로 객관적인 시각은 바람직하고 좋은 것인 반면, 주관적인 시각은 미성숙하고 피해야 할 것으로 생각하는 경향을 보인다. 이런 생각은 특히 문제해결 과정이나 의사 결정 과정에서 합리적 사고가 강조되면서 더 공고해진다. 객관적인 시각이 더 고차원적이라는 생각을 은연중에 갖게 되는 것이다. 그래서 "참 객관적인 시각을 갖추고 있군요"라는 말을 들으면 일반적으로 칭찬으로 여기지만, "참 주관적인 사람이군요."라는 말은 간접적인 비난의 표현처럼 들린다. 객관성과 주관성에 대한 이분법적 사고, 객관성에 대한 맹목적 믿음은 일상적인 대화에까지 뿌리 깊게 자리 잡고 있다. 그러다 보니 주관을 드러내기가 더 꺼려지는 것이다.

'답정너'를 '객관성'이라고 착각하는 리더

성공 경험이 많은 고위직 리더일수록 '나는 상황을 객관적으로 보고 있다', '내 시각이 객관적인 정답이다'라고 생각하는 경향이 강하다. 그런데 이런 태도는 사실 매우 자기중심적인 것이다. 주관성은 사람의 판단과 해석만이 아니라, 판단의 재료가 되는 감각, 즉 보고 듣고 만지고 냄새 맡고 맛보는 모든 과정에도 개입된다. 누구도 자기 자신을 통하지 않고 순수하게 객관적으로 세상을 인식할 수는 없다. 이를 무시하고 자신만큼은 온전히 객관적일 수 있다고 자만하는 것이야말로 강한 자기중심성, 또는 주관성을 드러내는 것이다.

객관성을 강조하는 리더들의 특징을 세 가지로 정리해볼 수 있는데, 만약 자신이 일상에서 겪는 일들과 유사하다고 느껴진다면, 본인이 바로 팀원들을 할 말 없게 만드는 '그' 리더일 가능성이 높다.

첫째, 상대와의 토론이나 의견 조율이 불가능한 상황이 자주 발생한다. 자신을 객관적이라고 믿고 있는 리더일수록 자신이 상황을 정확히 보고 있고, 정답을 알고 있으며, 따라서 자신의 방향이 옳고 상대는 틀렸다고 단정 짓는다. 직원들과 특정 상황에 대해 인식 차이가 있더라도, 논의 과정에서 자신이 보고 있는 '객관적' 현실을 구성원들도 알게 되리라 여긴다. 그리고 이런 기대가 좌절되면 함께 일하는 구성원들을 비난하게 되는 것이다. 리더가 이런 행동을 보일수록 정작 중요하게 다루어야 할 상황이나 과제, 해결하고 싶은 문제는 점차 대화에서 멀어지고 갈등만 남는다. 결과적으로 리더가 지나치게 객관성을 강조할수록 진실과 본질에서 더 멀어지게 된다.

둘째, 구성원들에 대한 피드백이나 조언이 직설적이고 거친 편이다. 객관성을 강조하는 리더는 팀원에게 거칠고 상처를 주는 말을 가감 없이 하는 경우가 많다. '객관적인' 자기 시각이 정답이기 때문이다. "내가 객관적으로 보기에 자네는 기본기가 안 되어 있어.", "왜 못 알아듣지? 이해가 안 돼?", "상식적으로 그게 말이 되나?"와 같은 표현들은 자신이 세상을 객관적으로 보고 있다고 생각하는 리더들의 입에서 쏟아져나오는 말들이다. 구성원들과 생각의 차이가 좁혀지지 않을수록 말이나 행동이 거칠어지고, 자기 입장을 과도하게 옹호하면서 일방적으로 밀어붙이는 정도가 심해진다.

셋째, 객관성에 지나치게 집착하면서 정작 자신의 관점은 모호해진다. 객관성이란 누가 보더라도 동일하게 인식한다는 가정을 기반으로 한다. 그래서 객관성을 추구할 때 중요한 것은 자기 생각이 아니라 외부의 검증이다. 이 때문에 객관성을 생각하면 할수록 자기 생각을 명확히 정리하기보다는 '다른 사람들도 이렇게 생각할까?'를 먼저 따지게 되기 쉽다. 자기 주관을 명확하게 정립하기 전에 세상에서 수용할 만한 것에만 관심을 두게 되며, 결국 리더 자신의 관점은 흐릿해지고 자기 주관을 잃어버린다. 객관성을 강조하면 할수록 객관적이지도 주관적이지도 못하는 상황이 발생하는 것이다. 반면 자신의 관점이 분명한 사람은 '객관성'을 강조하지 않는다. "내가 보기에는~", "내 생각에는~"이라며 자신의 주관을 더 분명하게 드러낸다.

리더가 하지 말아야 할 말

주관성은 특정 대상이나 이슈에 대해서 각 개인이 가지고 있는 믿음, 태도, 가치 등을 반영한다. 주관성은 각자의 삶을 이미 지배하고 있다. 의식을 하든 못하든 우리는 느낌, 태도, 의견, 선호, 신념에 따라 선택하고 행동하면서 세상을 있는 그대로가 아니라 보고 싶은 대로 본다.

리더로서 구성원들과 효과적으로 소통하고 상호작용하려면 자신과 타인의 주관성을 인정해야 한다. 주관성을 인정한다는 것은 동일한 사건에 대한 개인의 반응이 맥락에 따라, 그리고 개인에 따라 다르게 나타날 수 있다는 것을 인정하는 것이다. 그러므로 리더와 구성원이 하는 모든 소통은 특정 사안에 대한 서로의 주관을 물어보고 확인하면서 서로의 주관성을 공유하는 과정이다. 그 과정에서 공통의 지점이 만들어질 때 이를 '공유된 주관성', 다시 말해 '상호주관성'이라고 한다. 나의 주관성을 이해받으려면 타인의 주관성을 인정해야 한다.

또한 주관성은 자신의 믿음, 태도, 가치 등에 기반하여 인식한 것이므로, 자신의 지각이나 인식 능력이 완전하지 않음을 인정하는 겸허함도 필요하다. 겸허하고 호기심 있는 태도로 타인의 주관성을 탐색하고 상호작용할 때 집단의 지성이 성장하고, 성과가 나고, 리더십도 극대화될 수 있다.

구성원들과 좀 더 원활하게 소통하고 시너지를 만들고자 한다면, 먼저 각자의 주관성을 인정하자. 아울러 "내가 객관적인 입장에서 얘기하는데~"라는 표현만은 쓰지 말자. 이렇게 말하지만 않아도 리더십은 엄청나게 달라질 것이다.

4

사람이 문제가 아니라
상황이 문제다

**도덕적이거나 비도덕적인 행동은
개인의 고정된 성격적 특성에서
발현되는 것이 아니다.**

사회심리학자 리 로스^{Lee Ross}

작은 차이가 행동을 바꾼다

운전을 하다 보면 익숙하지 않은 갈림길에서 어디로 가야 할지 헷갈릴 때가 있다. 때때로 옆 차선을 침범하거나 가려는 방향이 아닌 진입로로 들어서는 상황도 벌어진다. 이럴 때 큰 도움이 되는 것이 컬러 주행 유도선이다. 도로에 목적지별로 다른 색을 칠해 운전자들이 큰 고민 없이 쉽고 명확하게 경로를 따라갈 수 있게 해놓은 선이다. 국토교통부가 총 76곳의 고속도로 분기점과 나들목에서 발생한 사고를 확인해본 결과, 컬러 주행 유도선을 설치한 후 교통사고 횟수가 약 27퍼센트 감소했다. 안내판을 아무리 크게 붙여놔도 줄지 않던 교통사고가 도로에 컬러 주행 유도선을 그려 넣자 줄어들었다. 달라진 주행 환경이 자연스럽게 운전자의 시선을 사로잡아 안전하게 주행하도록 행동을 바꾼 것이다.[8]

이와 유사한 사례는 많다. 네덜란드의 암스테르담 공항이 처음 도입한 남자 화장실 소변기의 '파리 스티커'는 화장실 청결도를 무려 80퍼센트나 개선했다. '한 발 앞으로'라고 안내판을 붙여도 말을 듣지 않던 남자들이 파리 스티커를 보자 본능적으로 조준하고 싶은 나머지 자연스럽게 소변기 쪽으로 한 발짝 더 다가선 것이다. 인간은 특정 상황에 처하면 의식하지 못하더라도 상황이 의도하는 생각이나 행동을 자연스럽게 취하게 된다. 우리는 자발적 의지의 힘을 강조하지만, 실제 선택에서는 상황이 더 큰 힘을 발휘하는 경우가 많다. 여기서 상황이란 개인을 둘러싼 외부 환경이나 사건을 말한다.

상황에 따라 행동하는 인간

많은 심리학 연구와 실험 들에서도 상황의 힘에 주목했다. 프랑스에서 진행했던 재미있는 심리학 실험을 살펴보자.[9]

한 사람이 심리학 실험에 참가하려고 강의실 복도를 걸어가고 있다. 실험 참가자인 그 사람은 실험에 참여하러 가고 있다고 생각하지만, 실제로는 복도를 걸을 때 이미 실험이 시작되었다. 정작 실험실에 도착하면 복도에서 벌어졌던 일이 실험이었다는 설명을 듣게 된다. 참가자가 복도를 걸으면 맞은편에서 걸어오던 사람이 10미터쯤 앞에서 주머니 속 손수건을 꺼내다가 지폐 한 장을 떨어뜨리고 가던 길을 계속 걸어간다. 이 사람은 사실 사전에 준비된 실험 협조자이다. 주위에 아무도 없으니 참가자가 지폐를 주워서 주머니에 슬쩍 집어넣어도 그만인 상황이다. 이때 참가자는 어떻게 할까? 10명 중 몇 명이나 "저… 이 지폐를 떨어뜨리셨는데요."라고 말할까? 실험 결과, 지폐를 돌려준 사람의 비율은 20퍼센트였다. 10명 중 2명은 돈을 떨어뜨렸다고 알려주거나 집어서 건네주었다. 나머지 80퍼센트는 모르는 체하고 지나가거나 자기 호주머니 속으로 지폐를 슬쩍 집어넣었다. 그런데 이 실험은 여기서 끝나지 않는다.

새로운 참가자가 복도를 걸어가고 있다. 이 참가자는 지폐를 흘리는 상황을 목격하기 직전에 어떤 사람을 만나서 30초간 길을 알려준다. 우연히 만난 이 사람 역시 사전에 준비된 실험 협조자이다. 그다음에서야 참가자는 복도에서 누군가가 지폐를 흘리는 상황을 목격하게 된다. 참가자는 어떻게 행동할까? 지폐를 흘리는 상황을 목격하기 전 아주 작은 호의, 즉 잠시 멈추어서 길을 알려주는 호의를 베풀었을 뿐인데도 지폐를 돌려주는 사람의 비율이 40퍼센트로 올라갔다.

세 번째 실험에서는 새로운 참가자가 두 번째 실험에서처럼 역시 실험 협조자에게 길을 알려주는데, 이 실험 협조자가 외국인이라 의사소통이 어려워 대화 시간이 2분으로 늘어난다. 이후 동일하게 누가 복도에서 지폐를 흘리는 상황을 목격하게 된다. 실험 결과는 어땠을까? 지폐를 주워 돌려주는 행동을 한 사람의 비율이 60퍼센트나 되었다. 길을 안내하는 호의를 베푼 시간이 30초에서 2분으로 늘어나자 지폐를 돌려주는 사람의 비율도 증가했다.

마지막으로 네 번째 실험에서도 실험 협조자에게 길을 알려주어야 하는 상황이 벌어지는데, 이번에는 그 사람이 외국인 노인이었다. 참가자가 아무리 설명해도 노인은 알아듣지 못하고

사람이 문제가 아니라
상황이 문제다

계속 도와달라고 한다. 참가자는 50미터쯤 노인과 함께 걸어가면서 길을 안내하고 복도로 돌아와 지폐를 흘리는 장면을 목격하게 된다. 그랬더니 돈을 돌려주는 사람의 비율이 무려 80퍼센트로 증가했다. 좀 더 적극적으로 호의를 베푸는 행동을 한 경우 돈을 돌려주는 사람의 비율도 증가한 것이다.

첫 실험과 이후 실험에서 달라진 것은 단지 작은 선행을 베풀 수 있는 상황을 만들어준 것뿐이다. 미묘한 상황 차이로도 사람들의 행동은 달라졌다. 연구 결과를 보면, 어떤 상황에서도 이타적인 선택을 하는 20퍼센트의 사람들과 어떤 상황에서도 이기적인 선택을 하는 20퍼센트의 사람들이 존재한다. 이 양쪽 사람들은 상황에 따라 행동을 바꿀 여지가 적다고 볼 수 있다. 주목해야 하는 쪽은 양극단을 제외한 60퍼센트의 사람들이다. 이들은 상황에 따라 착한 행동을 할 수도 있고, 그러지 않을 수도 있다.

이렇듯 어떤 사람인지도 중요하지만 어떤 상황인가도 매우 중요하다. 상황에 따라 생각과 행동이 달라진다. 주어진 상황의 힘이 얼마나 지대한지 보여주는 연구들은 이외에도 많다. 인간의 행동을 결정하는 요인으로 상황에 주목하는 이론과 관점을 심리학에서는 '상황주의situationism'라고 일컫는다.『사람일까 상황일까』의 공저자인 심리학자 리 로스Lee Ross는 "도덕적이거나 비도덕적인 행동은 개인의 고정된 성격적 특성에서 발현되는 것이 아니다. 행동은 언제, 어디서, 누구와 함께 있는지에 훨씬 더 많은 영향을 받는다."라고 강조했다.[10]

리더는 팀원에게 가장 중요한 '상황'이다

회사 내에도 직원들이 어떤 행동을 하거나 하지 않도록 동기를 부여하는 제도적·문화적·환경적 유인이 있다. 그중 가장 대표적인 것은 인사 제도, 특히 평가와 보상 체계이다. 어떻게 하면 더 빨리 승진을 하는지, 어떻게 하면 성과급을 더 많이 받는지 등은 당연히 직원들의 생각과 행동에 큰 영향을 미칠 수밖에 없다. 따라서 리더는 직원의 업무를 평가하고 승진과 보상을 결정할 때, 개인의 능력과 상황의 함수를 가능한 한 제대로 구분해서 평가하려고 노력해야 한다.

사안에 따라 차이가 있겠지만 심리학 연구들을 종합하면, 개인 요인과 행동의 상관관계는 0.3 정도, 상황 요인과 행동의 상관관계는 0.7 정도라고 말할 수 있다. 이를 염두에 두고 업무에 미치는 개인과 상황의 특성을 적절히 고려해 구성원을 평가해야만 평가의 대상이 되는 구성원도 납득하고 평가의 공정성을 신뢰할 수 있을 것이다. 이는 곧 평가를 하는 리더에 대한 신뢰로 이어진다.

리더가 상황의 힘을 이해해야 하는 또 하나의 이유는, 리더가 된다는 것은 곧 '타인을 통해 일을 한다'라는 의미이기 때문이

사람이 문제가 아니라
상황이 문제다

다. 실무자는 자신에게 주어진 일을 잘 해내면 된다. 즉, 자신이 한 행동의 결과에 대해 책임지고 그 결과로 평가받는다. 그러나 리더는 팀원들이 수행한 일의 결과에 대해 책임도 지고 그 결과로 평가도 받는다. 따라서 리더는 타인이 좋은 결과를 만들어내도록 해야 하는 사람이다. 그렇다고 타인의 성격이나 기질을 바꿔야 한다는 뜻은 아니다. 타인이 일을 더 잘 할 수 있는 환경과 상황을 만들어주어야 한다는 것이다.

또한 리더 자신이야말로 팀원들에게 중요한 상황 요인이라는 것을 알아야 한다. 많은 리더가 구성원의 성과에 영향을 미치는 주요 상황 요인이 자신이라는 사실을 모르거나, 선뜻 인정하려 들지 않는다. 사원 시절 직속 상사가 본인에게 얼마나 큰 영향을 끼쳤는지 떠올려본다면, 역지사지로 본인 역시 팀원들에게 많은 영향을 주고 있다는 사실을 인정할 수밖에 없을 것이다. 또한 능력이 비슷하거나 성향이 유사한 직원이라도 어떤 리더와 함께 일하는가에 따라, 리더가 어떤 상황을 제공해주느냐에 따라 생각과 행동은 크게 달라진다. 따라서 개인의 의지 이상으로 상황의 힘이 작동하여 성과가 달라질 수 있다는 사실, 그리고 리더 자신이 직원들에게 중요한 상황 요인이 된다는 사실을 이해하고 직원 개인의 성격과 기질을 바꾸는 대신 적절한 환경과 상황을 만드는 데 시간과 노력을 들여야 한다.

5

선입견과 고정관념은
현실을 왜곡한다

우리는 직접 관찰한 사실보다
소문에 더 휘둘리기도 한다.
더구나 소문은 사실보다 훨씬
그럴싸하고 흥미진진하다.

"이번에 입사한 친구는 S대 출신에 토익도 950점이 넘으니까
해외사업부로 발령 내!" (C 상무)

직장인 10명 중 9명은 직장 생활을 하는 동안 편견을 경험한
적이 있는 것으로 나타났다. 2020년 모 구인 구직 사이트에서 직
장인 1,716명을 대상으로 설문조사를 진행한 결과에 따르면 직
장인 92.5퍼센트가 '직장 생활 중 편견을 경험한 적이 있다'고 답
했다. 직장인들이 경험한 편견으로는 '학벌'(23.4퍼센트)이 1위를
차지했으며 '성별'(23.1퍼센트), '나이'(15.2퍼센트), '결혼 여부'(10.1퍼센
트), '업무능력'(9퍼센트), '외모'(7.6퍼센트), '출신지역'(6.3퍼센트), '과거
의 행동·사건'(3.4퍼센트) 순이었다. 편견을 가장 많이 겪은 시기는
입사 '6개월 미만'(29.8퍼센트), '6개월~1년 미만'(28.1퍼센트) 순으로
나타나, 과반수 이상의 직장인이 입사 1년 차에 편견을 경험하고
있음을 알 수 있었다.[11]

머리 쓰기가 귀찮은 인지적 구두쇠

우리는 어떤 대상에 대해 합리적이고 정확하게 판단하기 위
해 여러 정보를 수집하고, 분석하여 의사결정을 할까? 아니면 깊
게 생각할 여유도 없고, 그러자니 귀찮고 번거로워 대충 판단해
서 결정해버릴까? 물론 사안에 따라 다르지만 많은 상황에서 복

잡하고 노력을 요하는 방법보다 더 간단하고 노력이 덜 드는 방법을 사용하는 경향이 있다. 이것을 심리학에서는 어림짐작법 또는 휴리스틱heuristic이라고 부른다. 휴리스틱은 복잡한 형식 논리에 의존하지 않고 문제를 단순화시켜 도식적으로 처리하거나 지름길과 같은 해결 방략을 사용하는 방법을 말한다. 이러한 휴리스틱을 사용하는 근본적인 이유는 인간은 '인지적 구두쇠 cognitive miser'이기 때문이다. 이 말은 1984년 미국 프린스턴대학교 수잔 피스크Susan Fiske 교수와 캘리포니아대학교 로스앤젤레스 UCLA의 셸리 테일러Shelly Taylor 교수가 처음 쓰기 시작했는데, 사람은 일반적으로 머리 쓰는 걸 귀찮아해서 골똘히 생각하는 것을 싫어하는 경향이 있음을 표현한 것이다.

인지적 구두쇠는 사람을 볼 줄 모른다

인간은 인지적 구두쇠이다. 특히 다른 사람을 판단할 때 그렇다. 그래서 조직에서 사람에 관해 판단할 때 인지적 구두쇠 경향이 작동하는 경우들을 쉽게 목격할 수 있다.

첫째, 우리는 아주 쉽게 선입견이나 편견에 좌우된다. 선입견과 편견은 일종의 고정관념이다. 선입견은 특정 대상을 실제로 경험하지 않은 상태에서 미리 마음속에서 굳힌 어떠한 견해나 관념을 말하며, 편견은 치우친 생각, 즉 공정하지 못한 사고나 견해를 말한다. 둘 다 특정 대상을 처음 접했을 때 자신이 가진 견해나 관념이 강력하게 작용하여, 그들 대상에 대한 견해나 관념이 잘 변하지 않는다는 공통점이 있다. 특히 인지적 구두쇠라는 측면에서 보면 사람들 한 명 한 명을 각각 따로 관찰하고 판단하기보다는 기존의 사고나 견해를 기준으로 집단으로 묶어서 이해하려는 경향이 강하다. 학벌, 성별, 나이, 지역 등을 기반으로 사람을 판단하는 것이 대표적인 고정관념이다. 물론 이런 고정관념이 전혀 없이 살 수는 없다. 하지만 고정관념이나 선입견에 지나치게 사로잡히면 현실을 왜곡하기 시작한다.

더군다나 우리는 선입견 중에서도 부정적인 정보에 크게 영향을 받는다. 부정적인 정보를 긍정적인 정보에 비해 더 민감하게 받아들이고, 더 잘 기억한다는 것이다. 좋은 인상이 나빠지는 것은 쉬워도, 나쁜 인상을 좋게 만드는 것은 어려운 것과 같은 이치이다. 특정인에 대한 미담은 잘 믿지 않는 반면, 험담은 상대적으로 더 잘 수용하는 것도 비슷한 맥락이다.

따라서 구성원을 판단할 때 그 사람이 예전에 저지른 큰 실수나 좋지 않은 에피소드에 압도당하지 않아야 한다. 그러한 생각을 뒷받침할 수 있는 충분한 증거들을 찾기 전에는 판단을 잠시 유보하는 것도 한 방법이다. 신입사원들이 가장 많이 듣는 선배의 충고인 '입사해서 초반에 튀지 말라'는 말도 역으로 생각해

보면, 신참 시절의 부정적인 돌출 행동 하나가 두고두고 발목을 잡을까 봐 걱정돼서 하는 소리인 셈이다.

둘째, 우리는 직접 관찰한 사실보다 소문에 더 휘둘리기 쉽다. 여기저기에서 전해오는 말, 남들의 평판에 부지불식간에 영향을 받게 된다는 것이다. 더구나 소문은 사실보다 훨씬 더 그럴싸하고 흥미진진하다. 그래야만 소문이 퍼져나가기 때문이다. 극적이지 않은 소문은 날개를 달지 못한다.

그렇기에 리더가 아무리 정확한 판단력을 지닌 사람이라 하더라도 주변인들이 수군대는 비공식적인 이야기에 영향을 받을 수 있다는 점을 잊지 말아야 한다. 누구라도 쉽게 영향을 받을 수 있기에 뒷담화가 무섭다고들 하는 것이다. 회사에 뒷담화가 얼마나 많은지, 어떤 영향을 주는지는 그 조직의 건강 정도를 반영하는 좋은 지표가 되기도 한다. 따라서 소문을 듣게 되더라도, 최종 판단은 리더가 직접 경험하고 관찰한 것에 기반해야 한다. '카더라 통신'에 언제나 주의해야 한다.

셋째, 우리는 결과에 압도되면 과정을 살피지 않는다. 인간은 개인 특성과 상황 특성을 조합한 결과로 행동하게 되는데, 조직에서 개인의 성과 역시 상황과 운의 영향을 피할 수 없다. 즉, 좋은 결과는 좋은 상황이라는 행운이 따른 덕일 수도 있다. 하지만 사람은 결과 중심으로 판단하기 쉽고 과정에는 크게 신경

선입견과 고정관념은
현실을 왜곡한다

을 쓰지 않는다. 따라서 결과가 나쁘면 과정도 많이 미흡했을 것이라고 생각하는 경향이 있다. 하지만 실제 일을 하다 보면 과정과 결과가 일치하지 않는 경우가 허다하다. 과정은 정말 좋았는데 이런저런 상황 때문에 좋지 않은 결과가 나오는 일도 있고, 반대 경우도 종종 발생한다. 따라서 결과가 나쁘더라도 과정에 들인 노력과 몰입을 제대로 평가하고 인정하는 작업이 필요하고, 아무리 결과가 좋더라도 그것이 온전히 개인의 역량에서 비롯된 것인지는 따져봐야 한다. 그래야 구성원들이 평가가 좀 더 공정하다고 받아들인다.

끝으로, 우리는 절대치와 기대치를 혼동하곤 한다. 예를 들어 절대 수준에서는 평균 이상으로 괜찮은 직원인데도 전임 직원이 너무 훌륭했던 탓에 과소평가되는 경우가 있다. 기대치가 한껏 높아져 있기 때문이다. 기대가 크면 실망도 큰 법이다. 반대로 전임 직원이 너무 엉망이었다면 후임자는 기본만 해도 좋은 평가를 얻기도 한다. 절대치가 있음에도 불구하고 기대치에 근거해 사람을 평가하는 오류는 일상에서 흔히 발견된다.

또한 추세에 비추어 평가하는 것에도 주의해야 한다. 어떤 사람에 대한 평가가 하락하는 추세일 때는 실제 평가받아 마땅한 수준보다 낮게 평가하게 되고, 상승하는 추세일 때는 높게 평가하는 경향이 생긴다. 인간은 절대치보다 차이에 민감하기 때문에 이런 현상이 벌어진다. 가수 오디션 프로그램을 예로 들어보면, 예선에서 월등한 실력을 보인 후보가 본선에서 그만큼의 실력만큼 보여주지 못하면 급격히 순위에서 밀려나는 현상이 발생하기도 하는데, 이 역시 동일한 메커니즘으로 설명할 수 있다. 연말 연예대상에서 수상하려면 연초가 아니라 가을 즈음 프로그램이 대박이 나야 상승세를 타고 유력한 후보에 든다는 방송계의 불문율도 비슷한 맥락인 것이다.

하던 대로 하면 오히려 오류를 범하고 만다

인간의 기억과 판단, 의사 결정이 이토록 허술하다면 어찌해야 할까? 개인을 판단할 때 오류를 최소화하고 싶다면 절대로 성급하게 판단하지 말아야 한다. 그 사람에게 영향을 끼친 여러 상황 요인을 온전하게 이해하고 있다는 확신이 섰을 때 비로소 판단을 내리는 것이 중요하다. 여기서의 포인트는 자기의 관점이 타인의 관점보다 타당하지 않을 수도 있다고 인정하는 겸손함이다. 겸손한 리더들은 현재 본인이 보고 판단하는 것이 '실체에 대한 객관적 평가'가 아닐 수도 있음을 끊임없이 의식하고 주의한다.

리더뿐만 아니라 조직에서 HR, 즉 인사관리를 담당하는 이들도 이런 사실을 염두에 두어야 한다. HR 담당자는 자신이 이해관계가 얽혀 있는 현업에서 한 발 떨어져 상황을 객관적으로 보

고 있다는 자만과 자신의 생각이 구성원 대부분에게 적용될 것
이라는 착각을 경계해야 한다. HR 부서에서 새로운 제도를 도입
하면서 직원들도 당연히 이 제도를 좋아하고 수용할 것이라고
전제하고 시작했다가 낭패를 보는 경우가 빈번한 이유가 바로
이 때문이다. 하던 대로 하는 것이 아니라 고민을 많이 해야 한
다. 고민한 만큼 구성원들의 반응이 되돌아올 것이다.

6

평균만큼 편차도
중요하다

우리는 확실하게 검증된
통계 수치를 무시하고
경험하여 얻은 숫자로
잘못된 판단을 내리곤 한다.
우리는 너무 자주
사례에 속아 넘어간다.

> "[2022년] 공공기관 신입사원의 초임은 평균 3,790만
> 3,000원 수준이었다. 신입사원 초임이 가장 높은 공공기관은
> 한국원자력연구원으로 5,348만 6,000원이고, 남성 평균 연봉은
> 7,539만 7,000원으로 여성(6,123만 2,000원)보다 23.1퍼센트
> 높았다." [12]

숫자는 직관적이다. 이 때문에 보고서에 숫자가 제시되면 설득력이 높아진다. 그래서 위의 기사 숫자만 놓고 보면 한국원자력연구원의 신입사원 연봉이 상당히 높다는 인상을 받게 된다. 그리고 뭔가 불공정하다는 느낌이 들기도 한다. 하지만 조금만 자세히 따져보면 사정이 달라진다. 한국원자력연구원 신입사원 대부분은 해당 분야의 박사 학위를 소지한 고학력자라는 점을 염두에 두어야 한다. 이와 비슷한 오류는 남성과 여성, 정규직과 비정규직의 평균 임금 차이를 설명할 때도 발생한다. 선발 방법, 근속 기간, 권한과 책임 등에 따라서도 임금 차이가 날 수 있다. 이렇듯 숫자 이면에 있는 정보를 파악해야 우리는 현상을 제대로 이해하고, 문제 해결의 실마리를 찾을 수 있다.

숫자가 성공을 보장하지는 않는다

비즈니스 현장에서 효과적으로 커뮤니케이션하기 위해서는

읽기, 쓰기, 말하기 능력뿐만 아니라, 숫자로 표시되는 정보를 어떻게 해석하고 활용할 수 있을지 여부 역시 점점 중요해지고 있다. 엄청나게 쏟아지는 정보의 홍수 속에서 이를 이해하고 분석하는 수준에 따라, 그 결과는 하늘과 땅 차이로 벌어진다.

비가 올 확률이 50퍼센트라면 우산을 챙기겠는가? 지능지수, 내신 등급, 물가지수, 각종 사고율, 질병률, 일기예보부터 각종 여론조사에 이르기까지 우리는 일상생활에서 매일 통계 정보를 접한다. 그러므로 일상에서 통계적 사고를 하는 것과 하지 않는 것에는 커다란 차이가 있다. 통계 그 자체는 복잡한 숫자의 나열이지만, 그것을 분석하고 해석함으로써 사람들의 생각이나 사회의 변화 등을 읽어내는 안목을 갖추고, 효과적인 의사 결정을 할 수 있기 때문이다.

심리학은 과학이다. 즉, 심리학 지식은 과학적 연구의 산물이며, 그 결과는 대개 확률적 지식의 형태를 띤다. 인간의 인생에서 확실하게 정해진 것은 아무것도 없고, 알 수 있는 것은 다만 확률 정보뿐이다. 아이를 좋은 대학에 보내는 것은 성공 확률을 높이는 것일 뿐 성공을 보장하지는 않는다. 대개 사람들은 숫자와 확률 정보를 부담스러워하고 싫어하며 두려워한다. 그러다 보니 숫자에 대한 올바른 이해가 더 필요한 조직 생활에서 비즈니스 문해력의 차이가 더욱더 벌어지고 있는 실정이다.

오늘 산 로또가 당첨될 확률은 814만 5,060분의 1

숫자에 대한 올바른 이해를 가로막는 방해물들이 우리 주변에 많다.

첫째는 확률 정보 대 사례 정보의 이슈이다. 확률 정보는 많은 수의 사례를 대상으로 추출한 통계 정보이고, 사례 정보는 단일 사례나 소수의 사례에서 얻은 결과이다. 정보의 질과 정확성 측면에서 확률 정보가 더 낫다는 것은 분명하다. 그런데 사람들은 많은 경우 사례 정보에 휘둘려 확률 정보의 가치를 간과한다.

예를 들어 흡연은 건강을 해치고 폐암을 유발한다는 것은 확률 정보이다. '옆집 할아버지는 매일 소주 한 병을 드시고, 담배도 한 갑씩 피우시는데 지금도 정정하다'라는 것은 사례 정보이다. 그런데 사례 정보는 생생하기에 우리는 함정에 빠지게 된다. 수많은 연구로 확실히 검증된 통계조차 무시한 채 우리는 개인적 경험에서 얻은 숫자로 잘못된 판단을 하게 된다. 우리는 너무 자주 사례 정보에 속아 넘어간다.

따라서 세상을 바라볼 때, 그리고 조직 안에서 벌어지는 각종 사건을 판단할 때 생생한 사례 정보에 휘둘리지 않도록 주의해야 한다. 건조하지만 좀 더 사실에 가까운 확률 정보에 익숙해질 필요가 있다. 로또 1등 당첨 확률은 얼마나 될까? 무려 814만 5,060분의 1(약 0.00001퍼센트)'이다. 확률적으로는 애당초 당첨을 기대할 수 없는 값이다. 자동차 사고로 사망할 확률이 4,000분의 1, 벼락 맞을 확률이 50만분의 1이라고 하니 로또 1등에 당첨되기가 얼마나 어려운지는 자명해 보인다. 그런데 우리는 1등 당첨자의 사례 정보를 접하고 나 또한 1등이 될 수 있을 것이란 믿음으로 로또를 산다. 물론 적당한 금액을 걸고 인생 역전의 희망을 지니고 살아가는 것은 즐거운 일이다. 하지만 진심으로 로또라는 인생 역전에 모든 희망을 걸고 당첨에 집착하면서 하루하루를 살아간다면 과연 행복할까? 인생에서 중요한 문제들은 대부분 확률적 선택의 문제가 될 수 있기에, 확률을 제대로 이해하고 적용하는 것은 올바른 선택과 의사 결정을 하는 데 필수적이다.

신인왕의 2년 차 징크스

둘째로, '평균 회귀 효과'라는 것이 있다. 한번 나온 극단치는 그 다음번에 평균 근처로 되돌아간다는 것이다. 이것은 영국의 통계학자 프랜시스 골턴Francis Galton이 찾아낸 것인데, 그는 자신의 사촌인 다윈의 진화론을 통계적으로 증명해보고 싶어서 아버지와 아들의 키를 조사했다. 그러자 의외의 결과가 나왔다. 극단적으로 키가 큰 아버지의 아들은 정작 아버지보다 작고 전체 평균으로 회귀한다는 것이다. 즉 극단적이거나 이례적인 결과는 평균 방향으로 되돌아오는 경향을 가진다는 말이다.

평균만큼
편차도 중요하다

군대에서 부대별 사격 대회를 했는데, 어떤 부대가 1등을 해서 부대장이 포상 휴가도 주고 회식도 하며 놀게 해줬더니, 다음 분기 사격 대회에서는 중간 정도 성적이 나왔다고 하자. 부대장 대부분은 "역시 긴장을 풀어주면 해이해져서 안 되겠군."이라고 말할 것이다. 반대로 앞선 성적이 나빠서 강한 훈련을 받은 부대가 다음번 대회에서 지난번보다 우수한 수행을 보였다고 하자. 이러면 칭찬은 수행 능력을 악화시키고, 벌은 수행 능력을 향상시킨다고 생각하게 된다.

하지만 평균 회귀 법칙을 적용해본다면 이는 당연한 현상이다. 사격 대회에 사격 실력이 압도적으로 뛰어난 저격수들이 참가하지 않는 이상, 부대들은 대략 비슷한 사격 실력을 가지고 있다고 봐야 한다. 그런 부대 중에서 그날따라 우연히 잘 맞힌 부대가 극단적 점수가 나와 1등을 한다. 이런 우연은 반복되지 않기 마련이고, 지난번에 극단적 점수를 낸 부대는 이번에는 평균에 가까운 점수가 나올 수밖에 없다.

저자가 보험회사 인사 담당자로 있던 시절의 경험이다. 연초 정기 인사 시즌에 전국 지점장들의 인사이동이 있었다. 이때 전국 상위 10퍼센트에 들어가는 지점에 발령받은 지점장은 완전한 영전 분위기였다. 특히 최상위 다섯 개 지점으로 발령을 받은 지점장들의 위세는 하늘을 찌를 기세였다. 반면 하위 10퍼센트의 지점에 발령받은, 특히 최하위 다섯 개 지점으로 발령받은 지점장들은 회사가 자신을 내보내려 한다는 신호로 받아들였고, 낙담하여 의기소침해했다. 그런데 나는 인사 담당자로서 상위 지점에 배치받은 지점장들에게는 전년도 성과를 달성하느라 무리했으니 처음부터 공격적인 지점 운영을 하지 말고 전반적인 상황을 관찰한 후 적절한 전략을 짜라고 조언해주었다. 그리고 일정 부분 실적 퇴보도 따를 수 있으니 마음의 준비도 하라고 덧붙였다. 왜냐하면 전년도는 대상을 받기 위해 평균 역량을 뛰어넘어 무리한 부분이 분명히 있었을 테니까. 반면에 최하위 지점에 배치받은 지점장들에게는 오히려 아주 좋은 기회임을 역설적으로 강조했다. 회사가 최하위 지점에 대해서는 별 기대가 없을 것이고, 최하위 지점은 평균보다 실력이 덜 발휘된 상태이므로 적절한 관심과 지원만 보여준다면 평균치 수준으로 금세 올라갈 것이기 때문이다. 대부분의 경우는 저자의 예상이 맞았다. 나중에 통계학을 배우고 나서야 이것이 평균 회귀가 적용되는 사례라는 것을 알게 되었다.

　　스포츠에서 뛰어나다고 회자되는 선수들의 2년 차 징크스에도 동일한 원리가 적용된다. 1년 차 시절에 유독 특정 요인이 극단적으로 유리한 방향으로 작용해 수훈 선수가 되었다면, 그런 운이나 외적인 변수가 2년 차에는 동일하게 작동하지 않게 되고

평균 수준으로 돌아가게 되는 것이다

진정한 프로의 요건

셋째, 평균과 편차의 문제이다. 매년 통계청에서는 한국에서 '통계학적으로' 가장 평균적인 한국인을 발표한다. 그런데 그 사람이 한국 사람들의 전형적인 모습일까? 평균이 전체의 대표값으로 인정받기 위해서는 그 분포가 좌우 대칭의 정규분포곡선에 가까워야 한다. 하지만 우리나라 국민들의 소득 수준만 보아도 정규분포를 따르지 않는다. 평균적인 한국인은 전형적인 한국인이 아닐 가능성이 높다.

우리는 다양한 현상에 대해서 언제나 '더 그럴싸하고 전형적인' 평균을 기대하지만, 평균 못지않게 편차^{variation}를 중요하게 고려해야 한다. 편차란 평균을 기준으로 얼마나 다양하게 개인들의 값이 퍼져 있는지를 가리킨다. 다시 말해 편차는 개인차를 반영한다.

사람들의 성향이 비교적 비슷할 때에는 평균이 나름 타당한 정보를 줄 수 있지만, 요즘처럼 개인차가 커지고 있는 상황에서 평균은 어느 집단도 설명하지 못하는 공허한 숫자가 될 수 있다. 따라서 이상적인 '옳은' 값(평균)만 중시하고 분포의 양극단으로 퍼져나가는 편차는 사소한 정보라고 치부하는 실수를 범하지 말아야 한다. 예를 들어, 당신이 야구 감독이라면 아래 2명의 선수 중에서 어느 선수를 게임에 더 자주 내보내겠는가?

> **선수 A: 타율 3할(잘 치면 4할 ~ 못 치면 2할), 편차 ±1할(0.100)**
> **선수 B: 타율 3할(잘 치면 3할 3푼 ~ 못 치면 2할 7푼), 편차 ±3푼(0.030)**

노련한 감독이라면 선수 B를 선택한다. 편차가 적어서 예측이 더 용이하기 때문이다.

우리는 일상에서 평균을 보는 사고에 많이 익숙해져 있다. 그러나 통계적 사고를 한다는 것은 평균의 함정에서 벗어나 편차를 고려하는 사고를 할 수 있는 것을 의미한다. 진정한 프로는 자신의 분야에서 평균이 높되 편차가 적은 수준을 유지한다. 그래야만 언제 어디서 어떤 상대를 만나더라도 일관된 수행력과 탁월성을 발휘할 수 있다.

리더라면 자신이 맡은 부문이나 팀원들의 평균과 편차를 알기 위해서 노력해야 한다. 그리고 가장 기본적으로 자신이 수행한 결과물에 대한 품질의 평균과 편차를 알아야 한다. 평균을 높이고 편차를 줄이는 부단한 노력은 장기적으로 자신에게 보상으로 되돌아올 것이다. 그런데 편차를 이해하려는 시도는 손이 많이 간다. 하나하나 확인해봐야 하기 때문이다. 이는 인간관계에서도 마찬가지이다. 이제 한 명 한 명 개별적으로 바라보는 노력을 기울여야 할 때이다.

2부

요즘 사람,
요즘 사원,
요즘 리더

요즘 시대에 필요한
리더의 조건

1

요즘 시대에
필요한 리더

**오늘날 성공적인 리더십의 열쇠는
권위가 아니라 영향력이다.**

비즈니스 컨설턴트 켄 블랜처드^{Ken Blanchard}

"우리 부장님은 사인만 하면 되니까 좋겠다."

필자가 신입사원이던 시절, 맨 뒷자리에 앉은 부장을 보며 가끔 이런 말을 중얼거렸었다. 당시 부장은 아침에 출근하면, 여직원들이 타다 주는 커피를 마시며, 부서 막내가 가져다 놓은 신문을 읽는 것으로 하루 일과를 시작했다. 그러고는 스무 명이 넘는 직원들이 며칠씩 고생해서 만든 보고서를 순식간에 살펴보고 '여기가 별로다', '저기가 마음에 안 든다'며 '빨간펜 선생님' 역할을 하고 나서 몇몇 과장(지금의 팀장)들과 점심 식사를 하러 나갔다. 퇴근 무렵이면 직원들 자리 주변을 서성이다 "다들 출출하지 않아?"라고 한마디했고, 그러면 부서원들은 군소리 없이 줄줄이 부장을 따라나섰다. '오늘도 3차는 기본이겠지.' 필자가 기억하는 부장의 모습은 이랬다.

위아래로 치이는 요즘 리더

요즘 리더는 참 힘들다. 본인의 예전 시절을 되돌아보면, 그 당시 리더들은 편해 보였는데, 정작 자기가 그 자리에 와 보니 전혀 다른 상황이 된 것이다. 여기에는 후진국일수록 리더가 되면 편하고 선진국일수록 리더가 되면 힘들다는 전제가 숨어 있는데, 선진국의 리더일수록 더 복잡한 것들을 신경 써야 하기 때문

요즘 시대에
필요한 리더

이다. 후진국의 기업 조직은 대체로 위계적이고 획일적이어서 다수의 구성원이 소수의 엘리트 리더에게 복종하려는 성향이 강하고, 선진국의 기업 조직은 다양한 성향을 지닌 사람들이 의무보다는 권리를 주장하며 각자의 전문성을 토대로 평등한 의사 결정 구조를 요구하기 때문일 것이다. 따라서 요즘 리더는 후진국이던 시절의 선배 리더를 본 것이고, 본인은 선진국 시절에 그 자리에 있는 것이다. 왜 하필 '나 때'에 이런 일이 벌어졌나 하는 억울함도 있을 것 같다. 하지만 어쩌겠는가. 시대를 탓할 수밖에. 후진국에서 선진국까지의 전 과정을 한 세대 만에 경험한 집단은 세계 역사에서도 이들이 유일할 것이다. 경제적, 정치적, 사회적 성취를 모두 맛본 보람이 있다면, 동전의 뒷면에는 가치관이 너무나도 다른 사람들을 리드해야 하는 어려움도 존재한다.

그래서 요즘 리더는 위아래로 치인다. 나보다 더 높은 자리에 있는 리더는 예전 방식으로 나를 대한다. 하지만 리더인 나는 후배들에게 그럴 수 없다. 팀원 시절 선배 리더에게서 배운 리더십은 더 이상 작동하지 않고, 좋은 리더가 되기 위해 어떻게 해야 할지는 막연한데, 후배들을 보면 이해 안 되는 것투성이다. 예전처럼 일방적 지시만으로 일할 수 없기에, 야근과 회식이 당연한 시대가 아니기에, 권위적인 모습을 보이면 안 된다고 하기에, 요즘 리더들은 나름 구성원들에게 잘해 주려고 무던히도 애쓰고 있다.

어떤 리더는 맛집에서의 회식으로 구성원들과 친해지려고 한다. 하지만 요즘 직원들은 그런 거 별로 안 좋아한다. 이들은 먹는 것에 아쉬움을 느낀 적도 없고, 고기라면 무조건 좋아하던 세대도 아니다. 더군다나 폭음은 이해불가다. 어설프게 그런 자리에서 의기투합이든 문제 해결이든, 뭔가를 해보려다가 오히려 말실수나 불미스러운 일을 야기할 수도 있다. 다소 불편한 주제일수록 일과 중에 하는 것이 중요하다.

또 어떤 리더는 후배들에게 개인적인 관심을 보이면서, 취미가 뭔지, 생일이 언제인지, 주말에는 뭐 하는지 등을 물어보기도 한다. 하지만 안타깝게도 요즘 직원들은 이런 것도 달가워하지 않는다. 가족도 아닌데, 왜 자꾸 가족처럼 구는지 이해하지 못한다. 일과 삶이 하나였던 과거와 달리 '일과 삶을 반드시 분리'하고 싶어 하는 요즘 세대의 프라이버시 경계선은 완전히 달라졌다. 예전에는 인간적으로 챙겨주는 것으로 여겨지곤 했던 행동들이 이제는 선을 넘는 것으로 여겨진다는 것이다.

요즘 세대는 똑똑한 리더와 일하고 싶어 한다

그렇다면 새로운 시대의 리더는 어떻게 해야 할까?

첫째, 리더의 전문성과 역량을 키워야 한다. 요즘 직원들이 칭찬을 많이 하고, 자기를 인정해주는 상사를 마냥 좋아할 거라는 생각은 많은 리더가 쉽게 오해하는 지점이다. 그런 상사를 당연히 좋아하겠지만, 그들이 정말로 원하는 리더의 가장 중요한 덕목은 전문성과 역량을 갖춘 똑똑한 리더이다. 업무의 방향과 목표를 분명히 제시하기, 복잡한 사안의 핵심을 신속하게 파악하기, 적시에 의사 결정하기, 가용한 자원을 총동원하여 과제를 완수하기 등이 리더의 전문성과 역량이 드러나는 행위들이다.

농업적 근면성으로 움직이던 사회에서는 누가 더 오래 일하느냐가 관건이었지만, 이제 노동 시간은 법적으로 한계가 정해져 있다. 더군다나 우리나라의 연간 노동 시간은 여전히 OECD 평균보다 상당히 높으므로 향후 노동 시간은 더 줄어들 것이다. 노동 시간이 줄어듦에도 생산성을 유지 혹은 향상시켜야 하는 딜레마를 맞이한 것이다.

이런 시대에 직원들이 똑똑한 리더를 선호하는 이유는, 리더가 똑똑해야만 자신이 헛일하지 않고, 야근하지 않고, 일과 삶의 균형을 지킬 수 있기 때문이다. 자신의 신체적, 정신적 에너지를 절약하려면 똑똑한 리더가 필요한 것이다.

둘째, 리더가 아무리 똑똑해도 무례하면 안 된다. 요즘 리더 중에는 학창 시절부터 회사에 입사한 뒤까지 무수히 혼나도 묵묵히 참아내면서 지금의 위치에 오른 이들이 많다. 한때는 무시와 모욕, 심지어 신체적 폭력까지도 일상이던 후진국 일터였기 때문이다. 하지만 이제 시대가 바뀌었다. 아무리 맞는 말이라도 상대방에게 인간적 모욕을 주거나, 상대방의 능력을 무시하거나, 언어폭력을 동반한다면 요즘 직원들은 가만히 있지 않는다. 왜? 그런 일이 부도덕하며 위법일 수 있음을 정확히 알고 있기 때문이고, 또 그런 대접을 받아본 일이 없기 때문이다.

어떤 리더들은 20~30년 동안 몸에 밴 스타일을 바꾸기 어렵다고 하소연하기도 한다. 가볍게 농담한 것을 사람들이 오해한 것이라며 속상해한다. 그동안 우리 연구소가 다년간 리더십 다면진단을 실시하고 분석한 결과, 리더십의 여러 영역 중에서 사람을 대하는 태도는 리더 본인의 노력으로 어느 정도 변화시킬 수 있는 영역이다. 물론 쉽지는 않지만 리더가 노력한다면 좋은 상황이든 좋지 않은 상황이든 구성원을 인격적으로 대하고, 구성원의 의견을 존중하고 경청하며, 인내심을 가지고 기다리려는 태도를 갖출 수 있다. 리더십이 잘 발휘되기 위한 전제는 인간에 대한 이해이고 그 출발점은 존중과 관심이다.

셋째, 리더는 요즘 세대가 열심히 일하지 않는다거나 또는 그럴 생각이 아예 없다고 생각해서는 안 된다. 대기업 3년 차 이하 직원들을 인터뷰해보면 그 좋은 직장을 몇 해 안에는 그만두겠다는 사람들이 상당히 많았다. 다른 일을 해보고 싶어서 그만두는 경우도 있지만, 아무런 준비 없이 일단 사표부터 내는 사례도 주변에 꽤 있다. 리더가 볼 때 이런 직원들은 열심히 일할 의욕이 없는 사람처럼 보일지 모른다. 하지만 바로 그 직원들이 회사 일이 자신에게 도움이 된다면, 그 일을 통해 성장할 수 있고 자신의 향후 경력에 의미가 있다면, 아무리 힘들어도 기꺼이 열과 성을 다해 일한다는 사실을 리더는 간과하고 있다.

요즘 젊은 직원들이 왜 그렇게 할까? 능력을 키워서, 몸값을 높여서, 이직해야 하기 때문이다. 평생 직장이라는 개념은 이제 케케묵은 것으로 취급받는다. 그것이 가능하지 않은 시대가 되기도 했지만, 그것을 기대하지도 않는다. 리더 세대에서는 가능한 한 직장에 오래 있는 것이 유능함을 말해주었다면, 요즘은 이직할 만큼 유능하지 않아서 한 직장에 오래 다닌다고 생각한다.

어느 쪽이 맞다고 판단하지 말자. 하지만 누가 뭐라든 미래의 주역은 젊은 직원들이고, 리더의 역할은 그들이 성장하도록 지원하는 것이라는 점은 잊지 않았으면 좋겠다. 그래야 자신의 리더십이 안녕해진다.

따라서 현시점에서 좋은 리더란 업무에 대해 신속, 정확하게 핵심을 파악하고, 그 과정에서 구성원들과 인격적으로 의사소통하는 리더이다. 동시에 구성원들이 열심히 일하는 것 같지 않다면 세대 차이를 논하기 전에, 그들에게 일의 의미를 주고 있는지 먼저 자문해야 한다.

팀원에게는 리더가 조직문화다

많은 회사를 대상으로 조직문화 설문을 해온 우리 연구소의 경험으로 볼 때, 보통 다음 두 가지를 묻는 문항에서 직원들이 조직문화를 긍정적으로 인식하는지 그렇지 않은지 알 수 있다. 바로 '일을 통해 자신이 성장하고 있는가?'와 '리더가 자신의 의견을 존중하는가?'이다. 『하버드 비즈니스 리뷰』에 실린 마커스 버킹엄Marcus Buckingham의 연구[13]에서도 팀의 성과와 가장 직결되는 핵심 문항은 "나는 매일 나의 강점을 활용할 기회를 가진다.", "회사의 목표는 나에게 동기를 부여한다.", "동료들은 업무의 질적 향상을 위해 헌신한다."였는데 우리 연구소의 발견과 동일하다. 구성원의 업무 몰입은 바로 이런 인식에서 결정된다.

물론 요즘 리더는 과거에 회사 생활을 하면서 선배가 일의 의미를 알려 주지 않아도 스스로 찾았고, 비인격적 의사소통에 대해서도 무던히 인내하면서 지금의 위치에 올랐을 것이다. 그래서 '왜 나는 요즘 직원들에 대해 이런 것까지 신경 써야 하나' 싶을 수도 있다. 그러나 후배들에게 좋은 사람이라는 평판을 듣기 위해서 그래야 하는 것이 아니다. 이제는 리더가 그렇게 해야만 일을 제대로 할 수 있고, 리더의 자리를 더 오래 지킬 수 있기 때문이다.

급변하는 환경 속에서 제 자리에 서 있기도 벅찬 시기이다.

하지만 이럴 때일수록 리더가 자신의 중심을 잡고 인간에 대한 이해를 바탕으로 자기다운 모습을 찾을 수 있다면 또 다른 인생의 희망을 발견할 수도 있을 것이다.

2

차이를 인정해야
한 방향을 볼 수 있다

사람들은 10대 후반에서
20대 중반에 경험한 사건을
가장 중요한 사회적 사건으로
선택했다. 바로 그 시기에
가치관이 형성되며 그 이후에도
지속적으로 영향을 준다.

'나'의 8할은 20대 때 만들어졌다

새로운 세대가 호명될 때마다 참 요란스럽다. 밀레니얼 세대가 출현하고, 얼마 전엔 '90년대생이 온다'고 난리더니, 요즘은 MZ 세대 이야기로 떠들썩하다. 예전 기억을 떠올려보면 1990년대 초에도 신세대 논쟁이 있었다. 대체 '세대'가 뭐길래 이렇게 계속 이슈가 될까?

세대 문제의 핵심은 '차이'에 있다. 기성세대와 다르다는 것이다. 생각이 다르고, 가치관과 라이프스타일이 다르고, 그렇기 때문에 일상의 행동도 달라진다. 결국 사람들이 하고 싶은 말을 적나라하게 표현하자면, 서로 달라서 '불편'하다는 것이다.

그런데 개인의 가치관은 인생을 살면서 계속해서 갱신되고 수정되기보다는 20대의 사회문화적 경험을 통해 그 틀이 만들어져 계속 유지되는 경향이 있다. 이에 대해 사회학자 카를 만하임 Karl Mannheim은 '경험 성층화 stratification of experience'라는 개념으로 설명한다.[14] 우리는 층을 쌓듯 경험 목록을 쌓아가는데, 어린 시절의 경험과 인상은 경험 목록의 가장 밑에 자리하며, 그 기층 경험 위에 이후의 경험들이 차곡차곡 쌓인다. 물론 경험은 시간 순서에 따라 단순히 쌓이기만 하는 것이 아니라 기층 경험과 연관되어 변증법적으로 통합되며, 이러한 경험 성층화가 개인의 의식을 형성하는 기반이 된다고 한다.

경험의 층에서 가장 핵심이 되는 것은 20대 때의 경험이다. 미국의 대규모 표본을 대상으로 각자가 중요하다고 생각하는 사회적 사건들이 무엇인지 물어본 결과, 사람들은 세대와 상관없이 10대 후반에서 20대 중반 사이에 경험한 사건들을 가장 중요한 것으로 선택했다.[15] 이는 바로 그 시기에 개인의 가치관이 집중적으로 형성되어 지속적으로 영향을 주고 있음을 보여 준다.

각 세대가 겪은 20대의 경험이 다르다 보니, 세대마다 생각과 가치관도 다른 것이다. 이건 우리나라만이 아니라 모든 나라에 해당되는 이야기다. 그럼에도 불구하고 우리나라에서 세대 문제가 더 부각되는 건 한국 사회의 유례없는 급격한 변화와 맞물려 있다.

세대 차이가 세계 1위인 나라

2023년 현재 우리나라는 1인당 국민소득이 3만 달러가 넘고, 각종 국가별 지표도 전 세계 200개국 중에서 10위권 안팎에 드는 선진국이다. 현재 한국의 20대는 이 기준으로 살고 있다. 그런데 조금 시간을 거슬러 올라가면, 1995년 우리나라의 1인당 국민소득은 지금의 3분의 1 수준인 1만 1,600달러였다. 1990년대에 20대를 보낸 지금의 40대는 부지불식간에 우리나라를 중진국으로 여기고 있을 것이다. 그보다 10년 전인 1985년에 1인당

차이를 인정해야
한 방향을 볼 수 있다

국민소득은 얼마였을까? 믿어지지 않겠지만 2,450달러에 불과했고, 1975년에는 겨우 650달러밖에 되지 않았다.

앞서 말했듯이 20대 때의 경험이 가치관을 만들고 그 이후에도 유지되는 경향이 있다면, 현재 한국 사회의 60대 이상(1960년대 이전 출생자)은 우리나라를 여전히 1인당 국민소득 3,000달러 미만

	1950년대생	1960년대생 386/민주화 세대	1970년대생 신세대	1980년대생 N세대	1990년대생 밀레니얼 세대
10대	1960~1969	1970~1979 1970 새마을운동 1979 박정희 서거	1980~1989 1987 6월 항쟁 1988 올림픽	1990~1999 1997 IMF 구제금융	2000~2009 2000 남북정상 회담 2002 월드컵
20대	1970~1979 (박정희) 1970 새마을운동 1979 박정희 서거 미디어: 영화/라디오 1975 국민소득 : 650달러	1980~1989 (전두환) 1987 6월 항쟁 1988 올림픽 미디어: 영화/TV 1985 국민소득 : 2,450달러	1990~1999 (노태우/김영삼) 1997 IMF 구제금융 미디어: 컴퓨터 1995 국민소득 : 1만 1,600달러	2000~2009 (김대중/노무현) 2000 남북정상 회담 2002 월드컵 미디어: 인터넷 2005 국민소득 : 1만 7,790달러	2010~2019 (이명박/박근혜/ 문재인) 2017 박근혜 탄핵 미디어: 스마트폰 2015 국민소득 : 2만 7,250달러
30대	1980~1989 1987 6월 항쟁 1988 올림픽	1990~1999 1997 IMF 구제금융	2000~2009 2000 남북정상 회담 2002 월드컵	2010~2019 2017 박근혜 탄핵	
40대	1990~1999 1997 IMF 구제금융	2000~2009 2000 남북정상 회담 2002 월드컵	2010~2019 2017 박근혜 탄핵		
50대	2000~2009 2000 남북정상 회담 2002 월드컵	2010~2019 2017 박근혜 탄핵			
60대	2010~2019 2017 박근혜 탄핵				

의 후진국이란 관점에서 바라볼 것이다. 또 어떤 세대는 중진국으로, 어떤 세대는 선진국으로 우리 자신을 보고 있을 것이다. (사실 선진국 사람들은 자국이 선진국인지 여부에 대해 별로 관심이 없다.) 일반적으로 서구 선진국이 150~200년에 걸쳐 겪은 각종 정치적, 경제적, 사회적 변화를 우리나라는 불과 30~40년 만에 모두 치렀다. 세대별로 20대에 경험했던 한국 사회의 모습이 너무나 다르기에, 그 차이가 다른 나라에 비해서 세대 문제를 더 극적으로 만든 것이다.

실제로 국제 비교 연구에서도 우리나라의 세대 차이는 세계 1등으로 지속적으로 보고되고 있다. 다음 그래프[16]에서 가로축은 1950년부터 1990년까지의 연평균 경제성장률이고, 세로축은 각 나라의 세대별 가치관 차이를 점수로 나타낸 것이다. 여기서 우리나라의 위치를 찾아보면 무슨 말인지 쉽게 이해할 것이다.

세대 차이는 좁히기 어렵고, 서로 다른 생각을 하나로 일치시키는 건 불가능에 가깝다. 그리고 사회적 지위를 이용해 다른 생각을 일치시키려고 하면 그게 곧 갑질이 되는 세상이다. 세대 문제에 대해 맞다/틀리다, 옳다/그르다, 좋다/싫다의 평가 잣대를 적용하면 해법 찾기는 요원해진다.

요즘 리더는 우리나라가 후진국을 갓 벗어났지만 여전히 고군분투해야 하는 상황에서 사회생활을 시작했다. 바로 위의 선

차이를 인정해야
한 방향을 볼 수 있다

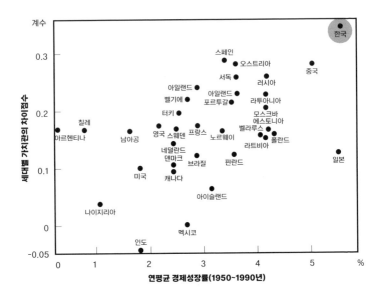

배들처럼 맨땅에 헤딩하는 수준까지는 아니더라도 밤새워 일하는 것은 당연했고, 모두가 고생하는데 나만 빠지겠다는 생각은 아예 할 수가 없었다.

그런데 요즘 리더와 함께 일하고 있는 사원들은 어떨까? 무엇보다 이들은 악으로 깡으로 버티는 걸 당연시 하는 분위기에서 자라지 않았다. 형제는 한두 명이었고, 어릴 적부터 다 갖추어진 환경에서 성장했다. 가정에서든 학교에서든 체벌은 금지되었으며, 배고픔과 굶주림은 다른 세상 이야기였다. 물론 이들도 학업, 대입, 취업 등으로 고달프고 힘든 경험을 겪지 않은 것은 아니지만, 기성세대가 맞서야 했던 절대적으로 열악한 환경과는 차이가 있다. 그래서 처절하게 살아가는 선배 세대를 보면서 '왜 저렇게까지 하나'라고 생각한다. 물론 누가 맞고 틀리고의 문제는 아니다.

리더들은 종종 구성원들이 배부른 소리를 한다고 불만을 토로한다. 배고프고 힘들었던 기억과 비교해 본다면 맞는 말이겠지만, 그건 어디까지나 본인의 기준이다. 요즘 구성원들은 그런 기억을 갖고 있지 않다. 기본값이 서로 다른 것이다. 시대가 달라졌다. 이제는 바뀐 기본값에 리더가 맞춰야 한다.

세대 차이를 극명하게 보여주는 전형적인 예를 들어 보자면, 1960년대생 길동 씨는 지방에서 성장하다가 서울 소재 대학에 입학하면서 상경했고, 회사에 입사해서 매일 야근하고 회식하면서 상사들의 공적이거나 사적인 모든 요구에 부응했다. 물론 불만이 있어도 참으면서 말이다. 왜냐하면 그렇게 10년 정도 견디면 자신도 높은 자리에 올라갈 수 있었고, 목돈을 모아 집을 장만하는 것이 가능했기 때문이다. 그런데 1990년대생 후배 수민 씨는 수도권을 떠나서 살아 본 적이 없고, 회사에 입사해서 월급을 받지만 자기 돈으로 집을 사는 것은 불가능해 보이며, 선배 세대처럼 청춘을 바쳐 회사에 뼈를 묻고 싶은 생각은 추호도 없다. 왜? 그래봤자 남는 것은 명예퇴직뿐인 경우들을 계속 보아왔기

차이를 인정해야
한 방향을 볼 수 있다

때문이다. 이러한 두 사람이 한 공간에서 상호작용하고 있다는 것부터가 세계적으로 매우 희귀한 상황일 것이다. 그만큼 한국 사회의 변화는 급격했다.

서로 다르다고 인정해야 같은 곳을 바라보며 나아갈 수 있다

세대 차이로 인한 문제를 해결하는 방법은 무엇일까? 과연 세대 차이는 극복하고 해소할 수 있는 문제일까? 그런데 세대 문제의 종착역은 세대 차이의 해소가 아니다. 어느 시에서는 "일치를 향한 확연한 갈라섬"에서 사랑이 시작된다고 했다. 그렇다. 세대 문제는 우선 서로 세대가 다르다는 것을 인정하는 데에서 시작해야 한다. 그리고 서로 어떻게 다른지 이해해야 한다. 심리학적으로는 서로를 가엽게 여기는 마음을 갖는 것부터 시작해보라고 추천하고 싶다.

후배들은 선배들이 살아낸 처절한 시절과 그 속에서 선배들이 느꼈을 외로움을 이해해보고, 그럼에도 불구하고 지금의 자리에 오른 리더의 능력을 존중하는 것이다. 지금의 팀장, 임원 모두 정말 열심히 일하셨다. 그들의 방식이 좋고 싫고, 옳고 그르고를 떠나서 말이다.

한편 요즘 후배들은 선배들이 느꼈던 성취감을 쉽게 맛볼 수 없는 저성장 시대에 살고 있다. 고성장 시대에서는 열심히 하면 월급이 팍팍 오르고 성과를 내면 승진은 당연히 보장되어 있었다. 그러나 지금은 그런 시대가 아니다. 선배들은 청춘을 바쳐 남들보다 열심히 취업 준비를 해서 입사한 후배들을 대견해하며, 삶의 균형을 지키면서 재미있게 살려고 노력하는 그들의 태도를 배울 필요가 있다. 자신의 삶을 중시하는 태도, 음주가 아닌 다른 방식의 여가 활동과 다양한 인생관을 보면서 자신의 퇴직 이후의 삶에 대한 힌트를 얻을 수도 있을 것이다.

　일도 힘든데 리더라고 이렇게까지 해야 하나 싶을 수도 있다. 그러나 사람을 이해하려 하지 않고서는 팀원을 움직일 수 없고, 팀원이 움직이지 않으면 성과를 낼 수 없다. 하던 대로만 하면 그냥 '꼰대'로 남을 뿐이다. 그러므로 '이렇게까지' 하고 싶지 않다면 그저 하던 대로 하면서 "꼰대" 소리를 들으며 유쾌하지 않은 회사 생활을 하는 수밖에는 방법이 없다.

차이를 인정해야
한 방향을 볼 수 있다

3

성공의 기준이
달라졌다

'워라밸'은 절대 양보할 수 없는
신성한 영역이다.
이들은 오늘을 희생한 내일을
꿈꾸지 않는다.

"요즘 후배들 보면 도대체 회사를 뭐라고 생각하는 건지
모르겠어요. 매사에 불만이 너무 많고, 좋은 것은 당연시하고
넘어가면서 안 좋은 것은 크게 부각시키죠. 권리를 누리려면
의무도 이행하고 책임도 져야 하는데 그러지 않는 것 같고요.
한마디로 배부른 소리를 너무 많이 해요" (C 이사)

"선배 입장에서 가장 당혹스러운 건, 공동체 의식이 전혀 없다는
점이에요. 조직을 위해서 때로 자기를 희생해야 하는 경우도
있는데, 매사 자기의 이익만을 기준으로 판단해요. 모두 자기만
일이 많고 제일 바쁘다고 우기죠. 역할이 불분명한 일에
대해서는 아무도 손을 들지 않고, 그런 일을 시키면 왜 자기가
해야 하는지를 집요하게 따지는 편이에요. 너무 자기중심적인
거 아닌가요?" (D 팀장)

요즘 젊은 직원들에 대한 선배들의 가장 큰 불만은 한마디로
요약된다. '배부른 소리만 하고 이기적이다.' 선배 자신들은 그러
지 않았는데 말이다. 하지만 후배들은 선배들의 이런 평가에 동
의할까? 아마 아닐 것이다.

선배들과 후배들이 조직에서 보이는 서로 다른 스타일은 각
집단이 성공에 대해 다르게 정의하는 데서 기인하는 것이 크다.
선배들의 세계에서 성공이란 사회적 인정이었다. 물론 다른 성
공관도 있긴 하지만, 사회적 기준으로 볼 때 충분한 권력과 돈,
명예를 얻는 것이 대표적인 성공이었다. 그리고 이를 얻기 위해

경쟁에서 승리하여 포상을 쟁취하는 것이 중요했다.

사원이 임원이 될 확률은 0.83퍼센트

이런 분위기 속에서 대부분의 50대 이상의 직장인에게 성공이란 객관적으로 드러나는 타이틀이었다. 더 분명하게 말하자면 회사의 임원이 되는 것이 가장 확실한 성공이었다. 2022년 국내 100대 기업에서 일반 직원이 임원으로 승진할 확률은 0.83퍼센트라고 한다.[17] 현재의 리더는 어마어마한 승진 사다리의 경쟁을 거쳐 100명 중에 1명, 채 1퍼센트도 되지 않는 그 자리를 목표로 살았다. 행복한 미래를 위해 현실의 고통을 인내하는 셈이었다. 그렇기에 누구보다 열심히, 많이 일하면서 그 과정에서 온갖 어려움을 참을 수 있었고, 자기를 버리면서까지 버텼다.

여기에 더해 50대들은 "성공은 내가 하기 나름"이라는 생각이 강했다. 즉 성공에 있어 자기조절의 중요성을 두드러지게 강조했는데, 대표적으로 '노력'이 있고 그 외에 '의지', '인내' 등도 포함된다. 성공에 대한 이런 생각은 실패의 원인에 대해서도 노력이나 의지의 부족과 같은 자기조절의 결여를 가장 중요한 원인으로 여기게 만들었다. 하지만 인간의 행동은 개인적 요소와 환경적 요소의 상호작용을 통해 결정된다는 사실을 염두에 둘 때, 이렇게 자기 통제만 과도하게 강조하는 것이 항상 긍정적인 것만은 아닐 것이다. 이들에게 일work과 삶life의 적절한 균형balace인 '워라밸'은 배부른 소리였다. 라이프는 없고, 오직 워크뿐이었다.

직장에서 임원을 역임했던 리더들의 이야기를 들어보면 많은 경우는 아이들과 제대로 같이 있어본 적이 거의 없다고 한다. 심지어 어떤 부사장님은 자기 딸이 몇 학년인지를 착각한 적도 있다고 했다.

미래를 걸고 현재를 희생하는 게 맞을까?

이러한 성공관을 뒷받침하는 예가 있다. 바로 우리나라 베스트셀러 도서 목록이다. 1995년 우리나라 베스트셀러 도서 목록을 보면, 1위가 『성공하는 사람들의 7가지 습관』이었고, 5위는 『신화는 없다』였다.[18]

순위	제목	지은이	분야
1	성공하는 사람들의 7가지 습관	스티븐 코비	자기 개발
2	컴퓨터 길라잡이	임채성 외	컴퓨터/IT
3	꼬리에 꼬리를 무는 영어	한호림	외국어
4	고등어	공지영	소설
5	신화는 없다	이명박	시/에세이
6	매디슨 카운티의 다리	로버트 제임스 윌러	소설
7	너는 눈부시지만 나는 눈물겹다	이정하	시/에세이
8	나는 빠리의 택시운전사	홍세화	시/에세이
9	김대중 죽이기	강준만	정치/사회
10	천년의 사랑(상)	양귀자	소설

성공의 기준이
달라졌다

그런데 임원 승진을 직장에서의 성공으로 정의하는 것이 과연 타당할까? 임원 승진이란 전체 직장인의 분포에서 상위 1퍼센트도 안되는 극단치(다시 말해 정상보다는 비정상)에 해당하는데, 그것만을 성공으로 간주하는 것은 마치 바비 인형 같은 연예인 외모가 정상이라고 생각하고 모두 성형수술을 하는 세태와 유사하다. 물론 임원으로 승진한다면 성공한 것은 맞다. 하지만 그건 성공의 여러 형태 중 하나일 뿐인데 한국의 기성세대는 마치 그것만이 성공인 양 여기며 살아온 측면이 있다. 임원이 된다는 것은 한 개인의 속성이기에 앞서 시대적 상황, 비즈니스 성장 등 전체 상황과 맞물려 있다는 사실을 간과한 채 말이다.

하지만 소위 MZ 세대라고 불리는 요즘 후배들은 성공을 이렇게만 정의하지 않는다. 이들 대부분은 성공을 사회적 기준이 아니라 자기 기준에 둔다. 그리고 각자의 상황과 여건에 맞춰 성공을 다양하게 정의한다. 외부에서 주어진 획일적인 기준이 아닌, 자기에게 중요하다고 생각하는 기준을 세우고 실현 가능성을 조율하면서 살아가는 것이다. 성공의 기준을 스스로 정한다는 것이 선배들과의 가장 큰 차이점이다.

따라서 요즘 세대에게 '워라밸'은 절대 양보할 수 없는 신성한 영역이다. 이들은 미래를 염두에 두고 현재를 희생하지 않는다. 막연한 미래를 준비하는 것도 중요하다고 생각하지만, 즐거운 현재를 결코 포기하지 않는 것이다. 또한 죽으라고 일한다고 해도 승진이 보장되지 않고, 승진한다고 해서 특별히 자신의 삶이 나아진다고도 생각하지 않는다. 그렇게 어렵게 올라간 임원 자리에 있는 기간은 보통 5년 내외이고, 30대 그룹으로 한정하면 만 3년이 되지 않는다는 사실을 너무 잘 알고 있다. 그럴 바에는 승진하지 않고 정년 보장을 선택하는 것이 낫다는 생각이다.

요즘 세대는 상징적인 것(예를 들어, 임원 승진)을 추구하기보단 내면에서 의미를 찾는다. 자신이 하는 것의 가치를 결정하는 것은 자기 자신의 욕구이다. 따라서 내가 원하기만 한다면 어떤 것이든 의미 있는 행위가 될 수 있다. 따라서 이들은 성공을 '개인적으로 설정한 인생 목표나 의미'로 정의한다. 이 경우에는 유일한 성공방정식을 정할 수가 없다. 왜냐하면 사람마다 전부 성공의 의미가 다르고, 따라서 그것에 이르는 길도 달라지기 때문이다. 그렇기 때문에 요즘 세대의 성공 방정식은 획일적이거나 유일하지 않다. 이들에게는 "성공을 원한다면 이렇게 하라"는 정언명령 定言命令이 아니라, "성공을 위해서는 이렇게 할 수도 있고 저렇게 할 수도 있다. 단, 선택과 책임은 너 자신에게 있다"가 통한다.

앞서 1995년으로부터 20년 뒤인 2015년에 가장 많이 팔린 책은 『미움받을 용기』이고, 10위 안에 든 자기 개발서는 단 1권(『하버드 새벽 4시 반』)이다. 나머지 분야는 요리, 예술, 소설 등으로

순위	제목	지은이	분야
1	미움받을 용기	기시미 이치로 외	인문
2	지적 대화를 위한 넓고 얕은 지식	채사장	인문
3	비밀의 정원	조해너 배스포드	예술/대중문화
4	나미야 잡화점의 기적	히가시노 게이고	소설
5	지적 대화를 위한 넓고 얕은 지식: 현실너머 편	채사장	인문
6	하버드 새벽 4시 반	웨이슈잉	자기 개발
7	오베라는 남자	프레드릭 배크만	소설
8	창문 넘어 도망친 100세 노인	요나스 요나손	소설
9	백종원이 추천하는 집밥 메뉴 52	백종원	요리
10	해커스 토익 보카(구토익)	David Cho	외국어

다양한 관심이 반영되어 있다. 참고로 2022년 베스트셀러 1위는 『불편한 편의점』이라는 소설이었다.[19]

성공은 하나의 모습이 아니다

시대에 따라 한국의 성공관이 어떻게 변천해왔는지는 고급 자동차 광고에서도 엿볼 수 있다. 2008년 "요즘 어떻게 지내냐는 친구의 말에 그랜저로 대답했습니다."라는 도발적인 카피로 유명했던 자동차 브랜드가 2020년에는 "너 승진했다며? 그럼 너 차 안 바꿔??"라는 친구의 질문에 "굳이. 회사에서 차 나오는데, 뭐. 오늘 내가 살게."라고 대답하는 장면으로 광고를 만들었다. 해당 광고 시리즈의 주인공은 몇 년 전만 해도 대기업 중년 남성 일색이었는데, 2020년에는 스타트업 창업자, 영상 크리에이터, 여성 임원 등으로 다양해졌다. 성공은 하나의 모습이 아니라는 것이다.

성공을 겉으로 보이는 승진으로 생각하고 현재를 인내하는 사람과 성공을 내면적인 자아실현으로 간주하고 현재를 즐기는 사람 사이에는 메울 수 없는 간극이 존재한다. 어느 것이 옳은지에 대한 논쟁은 무의미하다. 이 차이는 개인의 문제 이전에 시대적 상황의 문제이기도 하기 때문이다. 그때는 맞았더라도 지금은 틀릴 수 있는 것이다. 따라서 후배들에게 배부른 소리를 한다고 뭐라 마시라. 우리는 모두 등 따시고 배부르려고 회사에 나와 일하며 돈을 버는 것이고, 모두 이기적이기 때문에 승진에 목매달기도 하고 즐거운 삶을 무엇보다 중시하기도 하는 것이다. 이기적이라고도 하지 마시라. 모든 인간은 이기적이다. 그리고 승진에 목숨을 걸고 달려 온 바로 리더 자신도 이기적이었음을 잊지 말자.

4

악성 조직문화는
퇴사에 막대한
영향을 미친다

**악성 조직문화가
퇴사에 미치는 영향은
경제적 보상보다 무려
열 배 이상 크다.**

경영학자 도널드 설 Donald Sull

"MZ 세대는 소위 잘나가는 부서나 엘리트 코스에 구애받지
않아요. 자기 경력은 자기가 만든다고 생각하지 회사가 자길
키워줄 것이라고 믿지 않는 거죠." (A 팀장)

"그들은 언제든 회사를 그만둘 수 있다고 생각해요. 일이나
사람이 자신과 안 맞으면 대책 없어도 그만둬요. 우리
세대에서는 상상하기 어려운 일이죠." (B 임원)

요즘 대기업 임원과 팀장들의 한결같은 하소연이다. 젊은 직
원들이 계속 사표를 낸다는 것이다. 어느 리크루팅 회사 조사에
따르면, 입사한 지 1년 이내 퇴사자 비율이 30퍼센트에 달한다고
한다.[20]

과거 고성장하는 기업 환경에서 조직에 충성하고 집단주의
적으로 사고하는 게 당연했던 선배 세대와 지금의 MZ 세대는 다
르다. 저성장 사회에서 개인주의 가치관이 분명해졌으며, 회사
에 충성을 다하기보다는 거래적 관계를 맺는 데 익숙하다. 현재
리더 그룹과 주니어 그룹은 '참고 기다리는 세대'와 '참지 않는 세
대'로 특징지을 수 있다.

악성 조직문화는 보상보다 퇴사에 열 배 이상 영향을 미친다

MZ 세대는 퇴사를 어렵거나 부정적인 것으로 받아들이지
않는다. 2022년 6월 KBS가 내놓은 「청년층 퇴사에 대한 인식조

사 보고서」에 따르면,[21] 퇴사한 직원들에게 '퇴사하면 떠오르는 이미지'를 묻자 '자유, 해방, 휴식, 새로운 시작, 도전' 등 70퍼센트 이상이 긍정적인 단어를 연상했다. 또한 '나는 언제든 퇴사를 결정할 수 있다'는 문항에도 70퍼센트 이상이 동의했다. 이렇듯 MZ 세대는 '나는 회사를 언제든지 떠날 수 있고 그게 어려운 일이 아니다'라는 생각을 기본 전제로 가지고 있다. 그렇기 때문에 MZ 세대는 싫어하는 일을 참으면서 오랫동안 일해온 선배 세대와 달리, 더는 있고 싶지 않은 곳에 잡혀 있지 않는다. 그래서 선배들이 이해하지 못하는, 옮겨 갈 곳을 정해놓지도 않고 그냥 그만두는 무모함을 보이기도 하는 것이다.

2022년 1월 『MIT 슬론 매니지먼트 리뷰』에 실린 도널드 설 Donald Sull 교수의 논문 「퇴직의 핵심 원인은 악성 조직문화」[22]에서 퇴사자 3,400만 명의 프로필을 분석한 결과, 가장 중요한 퇴사 요인은 '악성 조직문화toxic corporate culture'였다. 많은 이들의 예상과 다르게 보상은 이직의 강력한 예측 변수가 아니었다. 조직문화가 가장 중요한 변수였다. 그는 악성 조직문화의 대표적 요소로 악질 관리자, 존중 부재, 공정성 결여, 비윤리적 행동 등을 들면서 악성 조직문화가 퇴사에 미치는 영향력은 경제적 보상보다 무려 10배 이상 크다고 했다. 나쁜 관리자가 직원들을 무례하게 대하고 개개인의 특성을 존중하지 않으며 부정이 만연하는 기업에서는 직원들의 퇴사가 심해진다는 것이다.

특히 직원들이 조직문화를 평가할 때 가장 핵심적으로 여기는 요소는 구성원을 무례하게 대하지 않고 개인 특성을 인정하는 '존중'이었다. 또한 자신의 노력이 보상으로 공정하게 이어지지 않는다고 생각되면 주저 없이 사표를 내는 것으로 나타났다.

회사를 보고 입사해서 상사를 보고 떠난다

많은 기업이 직원들의 이러한 퇴사를 막기 위해 '일하기 좋은 직장', '좋은 기업문화 만들기'라는 슬로건을 내걸고 급여와 복리후생을 높이거나, 일하기 좋은 시스템과 프로세스를 갖추는 등 신경을 쓰고 있다. 그렇지만 보상이나 시스템 등은 필요조건이지 충분조건이 아니다. 특히 연봉이나 보상이란 경제적 유인책으로 구성원을 잔류시키려는 시도는 한계가 있다. 허즈버그이론처럼 보상은 동기 요인이 아닌 위생 요인에 해당하며, 만족보다는 불만족 유인으로 작용할 소지가 현저히 높다. 그리고 보상을 통해 일시적으로 동기가 생겼다손 치더라도 그것의 긍정적 효과는 시간에 따라 감소하다가 결국 사라지게 되며, 심지어 또다른 불만 요인으로 전환되기도 한다. 인간은 모든 것에 적응하는 동물이기 때문이다. 따라서 보상은 중요하긴 하나, 충분조건이 아니며, 연봉이 비교 집단보다 낮다면 문제겠지만, 그렇지 않다면 연봉 인상만으로 감당할 수 없는 한계가 발생한다.

직원들의 퇴사를 막는 단 하나의 방법이란 건 없다. 저마다 다른 상황과 욕구, 감정이 있기 때문이다. 이직에 관한 여러 조사 결과를 종합해보면 이직 시도율이 낮은 기업의 공통점을 추론해볼 수 있다. 직장인으로서 일과 삶의 균형을 이룰 수 있는지, 충분한 업무지원을 받고 있는지, 사내 이슈에 대해 자신의 의사를 솔직하게 표현할 수 있는지, 동료들과의 관계가 따뜻하고 우호적인지도 중요한 포인트였다. 결국 워라밸, 우호적 인간관계, 수직적이고 권위적인 문화 대신 수평적이고 표현의 자유가 보장되는 조직문화를 선호한다는 의미다.

그러나 기업은 좋은 조직문화에 관심을 두는 만큼 리더십에 관해서도 신경 쓰고 있는지 자문해야 한다. 조직문화는 구성원들이 마음속에서 공유하는 암묵적인 가정인데, 이를 구성하는 가장 중요한 변수가 직속 상사의 리더십이다. 직원들은 회사의 각종 제도, 인사 정책, 시스템과 프로세스에 영향을 받지만 가장 많은 영향을 받는 것은 직속 상사이다. 직원들에게는 상사가 곧 회사인 셈이다. "회사를 보고 입사해서 상사를 보고 떠난다."라고들 말할 만큼 리더십이 미치는 영향이 지대하다. 제도 개선 못지않게 건강한 리더십 구축에 신경을 많이 써야 한다.

5

과정도
공정해야 한다

**원숭이에게 같은 과제를 준 뒤
각각 오이와 포도를 상으로 주자,
오이를 받은 원숭이가
실험자에게 오이를 던졌다.**

동물학자 프란스 드발Frans B. M. de Waal,
세라 브로스넌Sarah F. Brosnan

"우리 팀장님은 어떤 기준으로 누구는 A를 주고, 누구는 B를 주는지 알 수가 없어요." (A 팀원)

"요즘 직원들은 자신에게 유리하면 공정한 거고, 자기에게 불리하면 불공정하다고 생각하는 것 같아요." (B 팀장)

조직에서 인사 평가를 하고 나면 언제나 뒷말이 무성하다. 이렇게 평가가 심리적으로 불편한 이유는 복합적이다. 먼저 인간은 기본적으로 나에 대한 남들의 평가를 불편해한다. 자신의 안위가 자신의 통제력이 아닌 타인의 판단에 좌우될 수 있기 때문이다. 인간은 통제에 대한 강렬한 욕구를 지니고 있고, 통제를 통해 즐거움을 경험한다. 반면 통제력을 상실하면 인간은 불행하고 무력하며 희망도 없고 우울해진다. 그래서 우리는 통제받는 것을 꺼리는 것이다. 평가 대상자가 되는 것 역시 마찬가지다.

또한 인간은 실제보다 자신을 더 긍정적으로 착각하면서 사는데, 평가는 실제 현실을 직면하는 일이다. 자신의 평소 기대와 불일치하는, 그것도 부정적인 방향으로 그러한 결과를 마주하게 되면 마음이 불편해진다. 따라서 평가에 불만이 생기는 이유는 평가 지표가 객관적이지 않기 때문이기도 하지만, 평가를 '잘 받아 마땅한' 자신이 낮은 평가를 받기 때문이다.

'내가 나를 잘 아는 부분'과 '남이 나를 잘 아는 부분'이 다르다

평가자와 평가 대상자의 시각차는 평가를 더욱 어렵게 한다. '내가 나를 잘 아는 부분'과 '남이 나를 잘 아는 부분'은 다를 수 있다. 호주 멜버른대학교 심리학과 사이민 바지르Simine Vazire 교수에 따르면, 일반적으로 창의력과 지능 등 지적 능력은 평가자가 좀 더 정확하게 알고(그렇기 때문에 회사에서 실시하는 역량 평가는 신뢰성이 높은 편이다), 자존감과 불안감 같은 신경증적 성질은 평가 대상자 자신이 좀 더 잘 평가한다고 한다. 리더십, 달변, 지배력 같은 외향적인 측면은 나와 남이 공통적으로 잘 아는 영역이라고 한다.[23]

1982년부터 2012년 사이에 발표된 22개 논문들을 메타 분석하여, 35만 명에 육박하는 피실험자의 학업, 언어 능력, 기억력 등 다양한 영역의 자기평가 정확도를 검증한 연구에 따르면, 자기평가와 객관적 평가 사이의 상관계수는 0.29였다.[24] 상관관계가 가장 낮은 영역은 기억력과 비언어적 능력인데 상관계수 0.09~0.15였고, 가장 높았던 영역은 어학 능력으로 0.63이었다. 이렇게 대체로 자기평가와 객관적 평가 간의 상관관계가 낮기 때문에, 심리적으로 불편하더라도 평가를 통한 피드백을 받지 않으면 우리는 착각의 늪에서 헤어 나오지 못한다.

이렇듯 평가에 대한 평가자와 평가 대상자 사이의 불일치는 불가피한데, 여기에 다음과 같은 심리적 요인들이 개입하여 상

과정도
공정해야 한다

황을 더 어렵게 만든다.

첫째, 사람들은 자신의 능력이 평균 이상이라고 생각한다. 이를 워비곤 호수 효과Lake Wobegon effect라고 한다.[25] 인사 평가 기간에 직원들에게 자신의 점수나 평가 등급을 스스로 예측하게 해보면, 예외 없이 실제 결과보다 높은 점수나 등급을 예상한다. 직장인 대상 조사에서도 비슷한 결과를 보이는데, 스스로 핵심 인재라고 생각하는 비율은 70퍼센트 전후로 나온다. 핵심 인재는 많이 잡아도 5~10퍼센트 이내인데 말이다. 아무튼 이런 근거 없는 자신감이 평가에 대한 불만을 높이는 요인이 된다.

둘째, 자신의 능력을 과대평가하는 경향은 시험 점수가 저조한 학생들에게서 더 크게 나타난다. 이를 더닝-크루거 효과 Dunning-Kruger effect라고 한다.[26] 평가 점수를 낮게 받은 직원들에게서 '나는 열심히 일했는데 왜 인정을 못 받지?'라는 불만이 더 크다. 성적이 저조하거나 능력이 모자랄수록 실제 자신의 수준이나 모습보다 자신을 더 높게 평가한다.

셋째, 공동 작업을 할 경우 집단 규모가 커질수록 투입하는 개인의 기여는 줄어들게 된다. 이를 링겔만 효과 Ringelmann effect 라고 한다.[27] 일대일로 줄다리기를 할 때와 여럿이 할 때, 개인이 발휘하는 힘이 달라진다는 것이다. 이런 사회적 태만은 당연히 벌어지는 현상이므로, 여럿이 함께 일하기 쉽지 않은 상황이 기본값인 셈이다.

인사 평가에도 조직문화가 담긴다

사실 회사의 인사 평가 제도에는 그 회사에서 가지고 있는 암묵적인 전제가 반영되어 있다. 연공서열이 중시되는 조직문화에서는 인사 평가가 관행으로 이루어지는 경향이 높은데, 승진 시점이 다가온 사람에게 고과 성적을 몰아주는 방식은(예전보다는 많이 줄었지만) 지금도 빈번하다. 사실 그런 조직일수록 구성원들이 평가에 그렇게 목숨을 걸지는 않는다. 몇 년 차이는 있을지언정 때가 되면 승진을 하고, 승진한다 해도 큰 보상이 따르지 않기 때문이다.

반면 엄격한 성과 평가가 이루어지는 조직들은 경쟁이 매우 치열하고 안정성이 낮은 산업에 속한 경우가 많다. 프로 스포츠 산업도 그러하고 증권업도 마찬가지이다. 그런 조직에서는 능력에 따라 경제적 보상의 차이가 매우 심하고, 그것을 당연하게 여긴다. 나보다 직급은 낮아도 연봉이 더 높은 후배들이 얼마든지 있고, 철저히 능력에 따라 연공서열을 파괴하면서까지 승진 여부가 결정된다. 그래서 30대 젊은 임원도 나오고, 같은 직급 안에서도 연봉이 두세 배 차이가 나기도 한다.

이런 상반된 평가 시스템은 그 조직이 속한 업의 특성을 반영하는 것이고, 그래서 단기간에 완전히 다른 방식의 평가 시스템으로 바꾸기란 불가능하다.

절차의 공정성도 중요하다

평가 시스템과 상관없이 우리 사회에서 점점 중요해지고 있는 주제가 있는데, 바로 공정성이다. 예전에는 전체 파이를 어떻게 나누는지와 관련된 '분배 공정성'이 핵심이었다면, 최근에는 최종 결정이 이루어지는 절차가 공정했는지 그리고 결정 집단이 개인을 어떻게 대하는지와 관련한 '절차 공정성'이 점점 중요해지고 있다. 주어진 보상 수준과 상관없이 보상이 분배되는 의사 결정 과정을 중시하는 것이다. 예를 들어, 자신에게 영향을 주는 의사 결정이 공정하게 내려졌다고 생각하면 사람들은 그 결과물이 전적으로 마음에 들지 않더라도 받아들인다. 반대로 회사의 경쟁력을 높이고 직원들에게 도움이 되는 결정이라도 절차가 불공정했다고 인식하면 이를 뒤집으려 이의를 제기한다고 한다. 프랑스 인시아드 경영대학원의 김위찬Kim, W. Chan 교수와 러네이 모본Renee Mauborgne 교수가 인용한 아래 사례는 이러한 심리를 잘 나타낸다.[28]

런던의 한 경찰이 어느 여성 운전자에게 불법 회전을 한 혐의로 딱지를 끊었다. 그녀가 회전 금지 표지판이 없었다고 항의

하자 경찰은 심하게 훼손돼 거의 알아볼 수 없을 정도가 된 표지판을 가리켰다. 화가 머리끝까지 난 운전자는 법에 호소하기로 했다. 마침내 공판 날짜가 되어 운전자는 자신의 사연을 설명하려 했다. 하지만 판사는 설명을 듣지도 않은 채 그녀에게 잘못이 없다는 약식 판결을 내렸다.

이때 이 운전자는 어떤 감정이 들었을까? 공정하다고 느꼈을까? 재판에서 이겼다고 좋았을까? 실제로 반응은 전혀 그렇지 않았다. 그녀는 심한 불쾌감을 느꼈다고 한다. "나는 정의를 위해 섰습니다. 하지만 판사는 나에게 어떤 일이 일어났는지 설명할 기회조차 주지 않았습니다." 기대했던 결과는 얻었지만, 그에 이르기까지의 절차가 공정하지 않았기에 만족할 수 없었던 것이다.

네덜란드 동물학자인 프란스 드발Frans B. M. de Waal과 세라 브로스넌Sarah F. Brosnan은 2003년 「원숭이들이 불평등한 보수를 거부하다」라는 논문에서 공정성 이슈를 극적으로 보여주었다.[29] 원숭이 두 마리에게 동일한 과제를 수행하게 하고 나서 각각 오이와 포도라는 다른 보상을 제공하자, 오이를 받은 원숭이가 격렬히 항의하면서 실험자에게 오이를 내던지기까지 한 것이다. 원숭이도 불공정을 의식하는데 사람은 얼마나 민감할까? 공정성 이슈는 앞으로도 한동안 커질 수밖에 없다.

공정성이란 화두가 강조될수록 대체 공정이 무엇인가를 놓고 논란이 벌어질 수밖에 없다. 모두가 만족할 만한 객관적이고 보편적인 답은 없는 것처럼 보이기도 한다. 하지만 역으로 바로 그렇기 때문에 공정성에 대한 객관적 규정보다 사람의 인식(해석)이 중요하다.

사실과 인식 중에서 '사실은 정확한 것이고, 인식(해석)은 왜곡 가능성이 있다'라는 합리적인 전제는 현실에서 점점 무기력해지고 있다. 어떻게 하면 '공정하다는 인식'을 만들 것인지에 대해 리더와 조직 모두의 고민이 필요한 시점이다. 의사 결정 과정에서 구성원 개개인의 생각을 물어보고 다른 사람의 아이디어나 가정에 서로가 이의를 제기할 수 있도록 '참여'하게 하는 것, 그리고 의사 결정과 관련된 모든 사람에게 왜 그런 결정이 내려졌는지 '설명'하는 것은 '공정하다는 인식'을 만드는 필수 요건이다. 이제 결과가 좋으면 '만사 오케이'를 외치던 시대는 끝났다.

6

작은 변화에서
성공을 경험한다

변화하려는 시도가
지리멸렬해지는 이유는
한꺼번에 너무 많은 것을
바꾸려고 하기 때문이다.

2009년 글로벌 기업의 임원 3,199명을 대상으로 한 맥킨지 설문 조사 결과, 3분의 1만이 자사의 조직변화 프로그램이 성공했다고 응답했다.[30] 변화 관리의 대가인 하버드 경영대학원의 존 코터John Kotter 교수도 조직변화의 70퍼센트가 실패로 끝난다고 주장했다. 그 많은 시간과 자원을 투자하고도 변화에 성공한 조직은 30퍼센트에 불과하다는 것이다. 그렇다면 변화는 왜 이렇게 어려울까? 변화의 성공을 위해 고려해야 할 포인트는 무엇일까?

인간은 모든 것을 개인적 관점에서 검토한다

우리가 경험하는 변화는 규모에 따라 거시적 변화, 조직 차원의 변화, 미시적 변화, 크게 세 가지로 나누어볼 수 있다. 거시적 변화는 글로벌 금융위기, 기후변화, 무역전쟁, 코로나 팬데믹 등 커다란 국제적·사회적 규모로 일어나 '모든 사람'이 겪는 변화를 말한다. 조직 차원의 변화란 자신이 속한 집단의 생활에 영향을 미치는 변화로 회사, 종교단체, 동우회 등 '우리'가 겪는 변화를 의미한다. 마지막으로 미시적 변화란 자신, 배우자, 친구, 동료들에게 영향을 미치는 변화로 '개인'이 경험하는 변화이다.

그런데 이 세 가지 변화와 관련된 역설적 사실이 있다. 변화 규모는 거시적 변화, 조직 차원의 변화, 미시적 변화 순으로 줄어들지만, 개인에게 미치는 영향력은 미시적 변화에서 거시적 변화의 역순으로 전개된다. 왜냐하면 인간은 모든 것을 개인적인 관점에서 검토하기 때문이다. 즉 글로벌 금융위기 자체가 아니라 '그것이 나에게 어떤 영향을 미치는가'가 더 중요하고, 회사의 조직 개편이 문제가 아니라 '그 조직개편이 나의 직장 생활에 어떤 영향을 미치는가'가 더 중요한 관심사라는 의미다. 따라서 변화를 성공적으로 이끌기 위한 포인트는 현재 계획 중이거나 시도 중인 그 변화가 개인에게 어떤 영향을 주는지를 아는 것이다.

"저스트 두 잇!" 고민만 하지 말고 일단 시도하기

우리는 모든 것을 개인적인 관점에서 검토하기 때문에 변화의 성공을 위한 첫째 열쇠는 이기심이다. 세계적인 경영 컨설턴트인 마셜 골드스미스Marshall Goldsmith는 "사람들은 자신의 가치관을 기준으로 판단했을 때, 그 행동이 자신에게 확실하게 최고 이익이 될 경우에만 변화하려는 태도를 보인다. 사람들이 특별히 이기적인 존재이어서가 아니라, 이것이 가장 자연스러운 인간 행동의 법칙이기 때문이다."라고 말했다.[31] 우리는 어릴 적부터 이기심은 나쁘고 이타심은 좋은 것이라고 배워왔다. 하지만 모든 인간은 자기중심적일 수밖에 없고, 인간에게 이기심은 본능이다. 따라서 개인의 이기심을 충족할 수 없는 변화는 실패할 가능성이 매우 높다. 변화 성공을 위해 '구성원의 이기심을 만족

작은 변화에서
성공을 경험한다

시킬 방법은 무엇이 있을까?'를 고민하는 것은 일견 이상해 보이지만, 조직을 위해 충성하게 하는 방법을 찾는 길보다 같은 목적지에 더 빠르게 도착하는 방법이 될 수 있을 것이다. 물론 여기서 이기심을 물질적이고 경제적인 것으로만 국한시킬 필요는 없다. 인정과 보람 같은 심리적인 요인들 역시 얼마든지 이기심으로 작동할 수 있다.

개인 차원에서 변화의 성공을 위한 또 다른 열쇠는 행동이다. 우리는 흔히 '생각이 바뀌면 행동이 바뀌고, 행동이 바뀌면 습관이 바뀌고, 습관이 바뀌면 운명이 바뀐다'라는 말을 인용하며 변화의 성공을 위해 생각(관점)의 전환을 먼저 요구하는 경우가 많다. 변화는 깨달음의 문제라는 것이다. 깨닫지 못하기 때문에 변화가 어려운 것이지, 깨닫기만 한다면 변화는 쉽게 이루어질 수 있다는 이야기도 자주 듣는다. 마음만 먹으면 언제든 금주나 금연, 다이어트를 할 수 있다는 사람이 주변에 얼마나 많은가. 그러나 깨달음을 기대하며 머리로만 고민하는 것은 변화의 성공을 위해서 그다지 효과적인 방법이 아니다. 그보다는 직접 부딪쳐 행동하고, 행동을 피드백하는 편이 변화를 성공적으로 만드는 데 훨씬 더 나은 방법이다.

우리는 생각을 통해 특정한 상황이 발생하면 이렇게 행동하겠다는 계획을 세우곤 한다. 대부분 이성적이고 합리적인 사고와 계획이다. 그러나 실제 사건이 일어나는 장면에서는 그 상황에서 촉발된 감정과 본능이 압도적인 힘을 발휘한다. 인간의 사고와 감정은 무엇에 맞닥뜨리냐에 따라 이리저리 흔들릴 수밖에 없다는 것이다. '나는 이런 사람이야'라는 고정된 자아상을 가진 사람일수록 더 심하게 흔들린다. 우리는 고정된 존재가 아니며, 그래서 우리의 자아도 끊임없이 변한다. 따라서 먼저 생각한 다음 통찰을 발휘하여 새로운 행동으로 이어지는 경우도 있지만, 실생활에서는 행동이 통찰로 이어지는 경우가 더 많다는 점을 기억할 필요가 있다. "저스트 두 잇Just do it!" 일단 시도하기! 단순한 광고 문구가 아닌 변화의 핵심이다.

느려도 꾸준한 사람이 결국 이긴다

"갈까 말까 할 때는 가라. 살까 말까 할 때는 사지 마라. 말할까 말까 할 때는 말하지 마라. 줄까 말까 할 때는 줘라. 먹을까 말까 할 때는 먹지마라." 인터넷에 많이 회자되는 문구이다. 우리는 이렇듯 늘상 선택의 기로에 서 있다.

변화 성공을 위한 상황 차원의 첫째 열쇠는 갈등 상황에서 1퍼센트를 어디로 보내는지에 달려 있다. 사실 우리네 인생에서는 50 대 50의 상황에서 1퍼센트를 어떻게 움직이는지에 따라 곧장 100 대 0의 상황으로 급변하는 경우가 많다. '오늘 저녁에

작은 변화에서
성공을 경험한다

운동을 하러 갈까, 말까?' 하는 50 대 50의 상황에서, '그래, 하기로 한 거니까 가야지' 하고 1퍼센트의 발걸음을 떼는 순간 이미 마음은 헬스장에 가 있다. 반면 1퍼센트를 안 가는 쪽으로 움직이자마자, 오늘 운동을 할 수 없는 이유들이 마음속에서 무수히 나열된다. 이유를 찾다가 마땅한 이유가 떠오르지 않으면 그저 '아 오늘 이상하게 안 하고 싶네'라고 하지 않는가?

이 51 대 49의 원리를 조직 차원의 변화에도 적용해볼 수 있다. 변화에 대한 구성원의 태도는 일반적으로 다음 그림처럼 세 집단으로 나누어 있는 경우가 많다. 기꺼이 수용하는 20퍼센트, 끝까지 저항하는 20퍼센트, 그리고 방관하거나 무관심한 60퍼센트. 대부분의 리더는 긍정적인 변화를 만들고자 할 때, 저항하는 20퍼센트에 우선 집중하는 경향이 있다. 그들만 조금 더 호의적으로 바꿀 수 있다면 전체 분위기를 바꿀 수 있다고 믿는다. 왜? 평소에 그들의 목소리가 가장 크고 거슬렸기 때문이다. 따라서 당근과 채찍을 병행하고, 어르고 달래면서 그들에게 변화의 필요성을 호소한다.

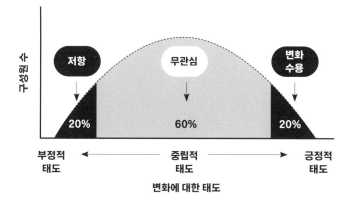

하지만 변화의 필요성을 호소할 대상은 60퍼센트에 있다. 아직까지는 주변 눈치를 보고 있는, 평균적인 수행을 하면서 큰 문제를 일으키지 않는, 동시에 가장 많은 비중을 차지하고 있는 사람들 말이다. 어떻게 하면 그들 중 31퍼센트를 끌고 와서 변화에 수용적인 20퍼센트와 합쳐 51퍼센트를 만들 수 있느냐가 핵심이다.

변화의 성공을 위한 상황 차원의 다음 열쇠는 타인의 존재와 지지이다. 인간은 사회적 동물이기에, 우리의 변화와 성장을 격려하고 지탱해주는 신뢰할 수 있는 타인이 있는지 여부가 중요하다. 우리가 훈련을 할 때 코치를 필요로 하는 이유는 그가 계속 격려하고 자극하여 나를 한계 너머로 떠밀어줄 거라는 사실을 알기 때문이다. 우리가 멘토를 존경하는 이유도 마찬가지다. 멘토는 생산적이고 건설적인 스트레스를 부과한다. 훌륭한 코치

작은 변화에서
성공을 경험한다

나 멘토는 높은 목표나 기준을 보여주고 방향을 제시해주며, 지속적인 지지를 통해 확신을 갖게 도와줌으로써 우리가 변화하고 삶의 가능성을 넓히는 데 힘이 되어 준다. 이런 과정을 통해 우리의 자아는 확장되는 것이다. 멀리 가려면 함께 가야 한다.

변화의 성공을 위한 마지막 열쇠는 변화를 작게 시작하는 것 small step이다. 변화를 향한 대부분의 시도가 처음의 의도와 달리 지리멸렬해지는 이유는 한꺼번에 너무 많은 것을 바꾸려고 하기 때문이다. 조직이 아무리 위기에 처해 있더라도, 혹은 자신의 모든 것을 바꾸고 싶더라도 기존의 모든 것을 부정하고 완전히 새로운 행동을 추구하는 것은 궁극적으로 아무것도 변화시키지 못할 공산이 크다.

따라서 작은 행동 변화부터 시작해서 작은 성과 quick win를 빨리 맛보는 것이 변화를 더 쉽게 만든다. 집안 전체를 청소하기보다 화장실만 청소하기, 1시간 운동하기보다 일단 5분만 걷기 등 초반의 작은 성공 경험이 중요하다. 작은 성공을 통해 자신감을 키워나가는 전략이 효과적이기 때문이다.

해결해야 할 과제가 너무 방대하다면 과제를 잘게 쪼개 먼저 도달할 수 있는 중간 이정표를 세우고 승리감을 경험하도록 하는 것이 필요하고 중요하다. 지금의 상태를 만드는 데 10년이 걸렸다면 바꾸는 데에도 그만큼의 시간과 노력이 들어가야 함은 당연한 이치다. 처음부터 바꾸기 어려운 것을 시도해서 실패를 경험하는 것보다는, 작은 변화에서 성공을 경험하면 다른 변화의 시도들도 점진적으로 해나갈 수 있기 때문이다. 느려도 꾸준한 사람이 결국 경주에서 이긴다 *slow and steady wins the race*'라는 말은 변화의 성공을 위해 꼭 기억해야 할 격언이다.

7

소통이 안 되면
일이 안 된다

구성원과의 소통이 중요한 이유는
일을 제대로 하기 위해서이다. 서로
친해지려는 목적이 아니다.

"요즘은 팀원에게 말하기가 겁나요. 제 의도는 전혀 그게
아니었는데, 어쩜 그렇게 삐딱하게 해석할 수 있는지. 조금 세게
얘기하면 블라인드(사내 익명 게시판)에 올릴까 봐 싫은 얘기는
아예 안 하게 돼요." (A 팀장)

"팀장님 얘기를 듣다 보면 무슨 말씀을 하고 싶은 건지 정말
모르겠어요. 맥락 설명도 없고, 팀장님 본인 입장도 애매하고.
제가 느끼기에는… 그냥 시키는 대로 하라는 말인 거죠. 저희가
얼마나 답답한지 팀장님만 모르는 것 같아요. (B 팀원)

모든 회사가 직원들과의 소통이 어렵다고 난리다. 특히 리더
와 구성원 사이의 소통이 점점 힘들다고 한다. 지난 몇 년 사이에
신입사원을 많이 뽑은 회사들의 경우에는 선배와 후배 사이에
'소통의 벽'이 생겼다는 이야기가 자주 들린다. 그래서 조직문화
활성화를 위한 워크숍도 하고, 함께 야외에 나가 체험 활동도 해
보고, 게임을 활용한 팀워크 향상 프로그램도 시도한다. 하지만
그런 활동들을 보고 있자면 왜 소통을 해야 하는지에 대한 근본
적 질문을 놓치는 경우가 많은 것 같다. 구성원과의 소통이 중요
한 이유는 일을 제대로 하기 위해서이다. 서로 친해지려는 목적
이 아니다. 회사는 동호회가 아니다.

소통이 어려운 3가지 이유

리더와 구성원 사이의 소통이 어려운 이유는 중첩적이다. 첫째, 역할 차이에 따른 어려움이란 상수常數가 있다. "업무 스트레스가 너무 많아요."라고 말하는 팀원의 속마음은 '제발 일을 줄여주세요.'인데, 이를 듣고 있는 팀장은 '뭐 그렇게 일이 많다고 저럴까? 내가 저맘때 하던 것에 비하면 절반도 안 되는데. 그땐 거의 매일 야근이었지.'라고 생각할 것이다. "지금 잠깐 시간 있나요?"라고 말하는 팀장의 속마음은 '지금 당장 논의해봅시다.'인데, 팀원은 '지금은 바쁘니까 이따가 시간 날 때 보자고 해야지. 어차피 또 다른 일을 잔뜩 시키실 텐데….'라고 생각할 가능성이 높다. 이렇듯 리더와 구성원 사이의 대화는 수시로 오해라는 열매를 낳는다.

둘째, 현재 한국 사회에 존재하는 '세계 최대의 세대 차이'가 소통을 더 어렵게 만든다. 1인당 국민소득 3만 달러가 넘는 시대를 동시에 살고 있지만, 1인당 국민소득이 650달러일 때 태어난 1975년생 팀장과 1만 1,600달러에서 태어난 1995년생 팀원은 1975년과 1995년의 국민소득 차이만큼이나 서로 다른 가치관을 지니고 있다. 인식의 차이가 극심할 때 소통은 너무나 많은 장애물에 부딪힐 수밖에 없다. 그리고 세대 차이와 맞물려 성장 환경에 따른 성향 차이도 존재한다. 리더 세대는 어려서부터 집에서는 부모님으로부터, 학교에서는 선생님으로부터 칭찬보다는 질책과 지적을 더 많이 받으면서 성장했다. 칭찬은커녕 야단만 맞지 않아도 그날은 무사하게 넘어간 날이었다. 회사에 입사해서도 선배들이 친절하고 자세하게 업무 지시를 해준 기억이 별로 없다. 일은 알아서 하는 거고, 눈치껏 하는 것이었다. 그래서 '자신의 말'을 하거나 '상대방의 말을 듣는' 연습이 거의 되어 있지 않다. 오히려 너무 말이 많으면 사람이 가볍다고 혼나기까지 했다. 묻지도 않고 따지지도 않고, 묵묵히 참으면서 일했다. 그 결과 리더 세대는 대부분 말수가 적고, 말을 잘 못한다. 그땐 다들 그랬다.

그런데 팀원 세대는 한국 사회의 극적인 성장과 발맞춰, 어려서부터 인정받고 칭찬받으며 성장했다. 자기주장을 적극적으로 하라는 교육을 받았고, 발표를 잘하는 것도 중요했다. 그렇게 성장해서 회사에 입사했는데, 리더들은 칭찬을 안 하고 혼만 낸다. 또는 지적은 안 하지만 맘에 안 드는 표정이 역력하다. 팀원이 질문하면 리더는 당황한다. 리더에게 '왜'를 물으면 공격적이라고 여기기도 한다. 그리고 회식은 왜 그리들 좋아하시는지, 그자리에서는 그래도 말을 좀 하는데, 무슨 말인지 모르겠다. 나한테 제대로 하라는 건지, 당신께서 힘들다는 건지, 예전이 좋았다는 건지. 그리고 그다음 날 사무실에서 보면 또다시 뚱한 표정 그대로다.

사실 리더 세대가 회식을 좋아하는 이유는 술 자체를 좋아해서가 아니다. 술자리에서 취기가 오르고 횡설수설하겠지만, 그런 자리를 빌려 그동안 참았던 마음을 조금이라도 풀고, 서로 심리적 위안을 얻으려는 목적이 크다. 낮에 사무실에서는 감정을 드러내면 안 된다고 무의식적으로 학습된 결과이다. 하지만 젊은 세대 입장에선 이 또한 이해 안 되긴 마찬가지다

말을 많이 하는 것과 소통을 잘하는 것은 다르다

이런 장애물들을 전제하고 소통을 잘하기 위해서는, 우선 리더 본인이 소통을 잘하지 못한다는 것을 인정하는 것에서 출발해야 한다. 이렇게 말하면 많은 리더가 '내가 얼마나 말을 잘하는데'라고 반문할지도 모르겠다. 하지만 말을 많이 하는 것과 소통을 잘하는 것은 다른 차원이다. 소통은 쌍방향 상호작용인데, 리더들에게 익숙한 방식은 지시와 설명처럼 일방향인 경우가 많다. 효과적인 소통은 리더의 말을 구성원이 얼마나 이해하고 공감했는지가 결정하는 것이다. 학교 다닐 때 좋아하던 선생님이 박학다식한 분이었는지, 아니면 학생들이 잘 이해하도록 설명해 주는 분이었는지를 떠올려 보면 쉽게 이해할 수 있다.

다음으로는, 소통의 어떤 측면이 핵심 문제인지를 정확히 파

악해야 한다. 말하기의 문제인지, 듣기의 문제인지, 아니면 근본적 신뢰의 문제인지 말이다. 나아가 리더의 문제가 큰지, 구성원의 문제가 큰지, 맥락과 상황의 문제인지도 따져봐야 한다. 물론이 모든 것이 맞물려 있는 것이지만, 엉킨 실타래를 풀려면 초점이 분명해야 한다. 그래야만 말하기 측면에서 효과적 의사 전달, 설득 커뮤니케이션, 스토리텔링, 자기주장 훈련 같은 것을 진행할지, 아니면 듣기 측면에서 긍정적 관계 형성, 무조건적 경청, 공감과 수용 연습이 필요할지 결정할 수 있다.

우리 연구소에서 지난 몇 년 동안 수행한 프로젝트들을 통해 내린 소통의 핵심은 '리더가 자신의 의견을 효과적으로 구성원에게 전달하는 것'이었다. 우선 리더가 말을 제대로 해야 한다. 그리고 축구 경기에서의 티키타카처럼 짧고 명료하게 소통을 이어나가야 한다. 좋은 소통이란 가랑비에 옷 젖듯이 스며드는 것이다. 그렇다면 회의에서든 회식에서든 일장연설은 이제 그만해야 한다. 모든 커뮤니케이션의 시작은 화자가 정확하게 말하는 것이다. 그래야 청자가 듣고, 서로 대화하고 절충하고 정리할 수 있다.

또한 리더들이 구성원들에게 구체적으로 말하는 것이 중요하다. 최근 대기업 사무실 풍경 중에 일명 '요요요 현상'이 있는데, 구성원들이 상사에게 질문하는 '이걸요? 제가요? 왜요?'의 준말이다. 지시하는 일이 정확히 무엇인지(이걸요?), 왜 하필 자기에게 시키는지(제가요?), 그 일을 해야 하는 필요성(왜요?)에 대한 문제 제기이다. 이에 대해 리더는 일일이 설명해달라고 하니 답답하다고 하소연한다. 본인들은 예전에 그러지 않았는데 말이다. 하지만 명확한 소통을 위해서는, ① 이 일을 왜(why) 해야 하는지, ② 팀원에게 무엇(what)을 기대하는지, ③ 이 일을 어떻게(how) 해야 할지, ④ 업무 기한을 언제(when)로 할 것인지, 자세히 말하고 공유해야 한다. 그래야 구성원의 몸과 마음이 움직인다.

계속 참으면서 말을 안 하다 보면 내가 손해다

끝으로 우리 연구소의 무수한 인터뷰 결과, 리더들이 말하기 가장 어려워하는 주제는 '부정적인 피드백'이다. 팀원의 좋지 않은 업무 수행에 대해 말하는 것, 문제가 될 만한 행동을 지적해주는 것, 지나치게 수동적인 팀원에게 사실을 바탕으로 문제를 직면하게 하는 것을 특히 어려워했다.

왜냐하면 이 주제들은 리더와 팀원 사이의 입장이 너무나 다르고, 합리적 문제 해결보다 감정 충돌로 이어지기 십상이기 때문이다. 그래서 그냥 회피하면서 상황을 방치하고 있거나, 비효과적 의사 전달을 통해 서툴게 개입했다가 상황을 더 악화시켜버리는 사례도 많았다.

따라서 리더는 효과적으로 말하는 법을 우선 배워야 한다.

제대로 말하는 연습이 필요하다. 칭찬이든 지적이든 말이다. 지금처럼 계속 참으면서 말을 안 하다 보면, 나이가 듦에 따라 효과적 의사 전달은 더욱 어려워진다. 그러다 리더 자리에서 내려오고 나서야, 자신의 의견을 효과적으로 전달하지 못하고 있었음을 후회한들 이미 때는 한참 늦었을 것이다. 우선 가까이 있는 사람과 효과적으로 대화하는 연습을 추천한다. 배우자나 자녀와의 대화부터 시작해도 좋다. 모든 관계는 소통이 선행하고, 좋은 소통은 가랑비에 옷 젖듯 빈번한 교류가 우선이다.

3부

성공적인 리더로
살아남는 법

심리학으로 시작하는
리더십 훈련

1

나의 성공, 타인의
실패에서 배운다

**우리는 자신의 실패에서 배우는 게
아니라 자신의 성공과 타인의 실패에서
배운다. 따라서 벤치마킹을 하려면
성공 사례보다 실패 사례가
더 도움이 된다.**

심리학자 리처드 파슨Richard Farson

배우면 다 된다?

수영을 뭍에서 말로 배우고, 축구를 공 없이 책으로만 배운다면 실제로 수영을 할 수 있게 되고, 축구 기술을 향상시킬 수 있을까?

대부분의 조직에서 다양한 교육, 코칭 등 리더십 개발을 위한 여러 과정을 진행하고 있다. 그리고 대개 리더들은 리더십 교육 수강이 곧 리더십 개발로 이어진다고 생각하는 경향이 있다. 즉 교육 과정에서 얻은 지식, 정보, 통찰로 자신의 리더십이 개발된다고 착각하는 것이다.

그러나 리더십 교육 수강과 리더십 개발은 다른 차원의 이야기이다. 왜냐하면 리더십 행동은 리더 개인 특성과 상황 특성이 상호작용한 결과인데, 리더십 교육이나 코칭 장면에서는 리더의 특성만 다룰 수 있고, 업무나 상황 특성은 빠져 있기 때문이다. 특히나 상황 특성 중에서 가장 중요한 상사와 팀원이 빠져 있기 때문에 리더 자신이 얻은 지식과 정보, 통찰은 개인 차원에만 머무르게 된다. 리더십 개발이란 교육이나 코칭 등을 통해 얻은 자극(지식, 정보, 통찰 등)을 리더 자신과 구성원 그리고 과제와 상황 등에 적용해서 이전보다 더 나은 성과를 만들고 성장으로 이어질 때 따라오는 것이다.

즉 리더십 개발은 자기 개발로서 일상적으로 자기 발전의 목표를 세우고(plan), 적용을 통해 배우고(learn), 일하고 관계 맺는 방식에 변화를 주어 끊임없이 능력을 확장하며(do), 얼마나 발전했는지 점검하기 위해 피드백(see)을 반복하는 것이다. 리더십은 교실이 아니라 일상의 현장에서 매일매일 개발되는 것이지 하루아침에 향상되는 것이 아니다.

'자신의 성공'과 '타인의 실패'에서 배운다

리더십 교육이나 코칭을 진행하다 보면 좋은 사례를 알려 달라는 요청을 종종 받는다. 사람들의 기대는 구체적인 사례를 통해 성공 요인을 탐색하면 자신이 더 나은 리더십을 발휘할 수 있거나 문제 해결에 직접적인 도움이 되는 지식과 노하우를 습득할 수 있다고 믿기 때문이다. 물론 딱딱한 교육 장면에서 사례가 주는 생생함과 재미 역시 사례를 요청하는 또 한 가지 이유일 것이다.

그런데 이런 성공 사례를 요청하는 리더가 간과하는 부분이 있다. 제시된 사례가 자신에게도 유사하게 적용되어 문제를 해결하는 데 도움이 될 것이라 기대하지만, 역설적으로 성공 사례를 따라 하려고 하면 할수록 당초의 기대와는 다른 결과가 초래되는 경우가 많다. 왜냐하면 인간의 행동에는 그가 어떤 사람인지도 중요하지만, 그를 둘러싸고 있는 상황과 맥락의 힘이 더욱 중요한 영향을 미치기 때문이다. 어떤 특정한 사건이 성공하거나 실패함으로써 사례로 회자되는데, 모든 사례는 성공 혹은 실패하게 된 맥락(상황)과 철저하게 결부되어 있고, 이런 복잡하고 눈에 보이지 않는 상황과 맥락을 제거하고 사례만 복제하는 것은 다른 맥락 조건에서는 전혀 다른 결과를 야기할 수밖에 없기 때문이다. 귤화위지橘化爲枳, 귤을 다른 땅에 심으니 탱자가 되었다고 하지 않는가?

남들의 성공 사례가 나에게 그대로 적용되지 않는 또 다른 이유는 인간의 배움이 지닌 특성과 관련이 있다. 미국 매사추세츠병원 외과 의사의 심장병 수술 성공률에 대한 2013년 연구 결과는 우리에게 인간의 배움에 대한 새로운 통찰을 제공해준다.[32]

일반적으로 사람들은 '자신의 실패와 타인의 성공'에서 가장 많이 배운다고 생각한다. 이것이 성공 사례를 조사하고 벤치마킹에 집착하는 이유다. 하지만 실제로는 그렇지 않다.

앞선 연구 결과, 이미 예전에 실패를 경험한 의사들은 그 다음 수술에 실패할 확률이 매우 높아졌다(실패는 실패의 어머니). 그 이유는 실패했을 때 자신의 실력보다 주변 환경에서 원인을 찾을 가능성이 크기 때문이다. 또 실패 경험은 사람을 자기방어적으로 만드는데 이 때문에 다시 시도할 의욕을 덜 갖게 된다. 그리고 흥미롭게도 타인의 성공은 생각만큼 내 성공에 자극이 되지 않

나의 성공,
타인의 실패에서 배운다

는다. 타인의 성공을 능력보다 운이나 상황으로 해석할 여지가 높기 때문이다.

반대로 새로운 수술에 성공한 의사는 다음번 수술에 성공할 확률이 높아지며(성공은 성공의 어머니), 다른 의사의 실패를 목격한 의사들의 수술 성공률이 오히려 높아졌다. 성공 경험이 더 큰 성공의 반복으로 이어졌고, 남의 실패를 보면서 타산지석他山之石의 교훈으로 삼거나 더 잘하려는 동기가 높아졌다는 것이다.

	자기 성공	자기 실패
타인 성공	-	다음 시도에서 실패할 확률 증가
타인 실패	다음 시도에서 성공할 확률 증가	-

이 연구를 주관한 리처드 파슨Richard Farson 박사는 우리는 자신의 실패로부터 배우는 것이 아니라 '자신의 성공과 타인의 실패'로부터 배운다고 결론지었다. 따라서 벤치마킹을 하려면 성공 사례가 아닌 실패 사례를 얻는 편이 더 도움이 된다는 것이다. 아울러 타인의 성공 사례를 얻으려 할 것이 아니라 자신이 성공한 사례가 되는 것, 이것이 핵심이다.

적응을 위해서는 성장형 사고가 필요하다

리더십은 타고나는 것이며, 잘 변하지 않는 것일까? 아니면 타고 나기도 하지만 보고 배우고 나아질 수 있는 것일까? 당신은 어느 쪽에 더 동의하는가?

리더십 개발과 관련해서 리더가 지닌 마음가짐이 중요한데, 스탠퍼드대학교 캐럴 드웩Carol Dweck 교수는 저서 『마인드셋』[33]에서 사람들이 가진 두 가지의 믿음 체계mindset를 발견했다. 바로 고정형 사고fixed mindset와 성장형 사고growth mindset다. 고정형 사고는 인간의 자질이 돌에 새겨진 듯 불변한다는 믿음이다. 즉 지능, 능력, 성격을 쉽게 바뀌지 않는 고정된 자질이라 여기고, 그 결과 인간의 변화 가능성이 낮다고 본다. 반대로 성장형 사고는 현재 자신이 가진 자질들은 성장을 위한 출발점일 뿐이며, 노력이나 전략 또는 타인의 도움을 통해 얼마든지 길러낼 수 있다고 믿는다. 따라서 지능과 능력이란 근육과 같은 것으로, 타고난 것은 각자 다르지만 연습과 훈련을 통해 강화할 수 있다고 생각한다.

그러다 보니 고정형 사고를 지닌 사람은 새로운 도전이나 시도를 기피하는 경향이 있다. 실패는 곧 능력과 자존심이 손상을 입는 일이며, 패배나 후퇴와 동의어이기 때문이다. 그러나 성장형 사고를 지닌 사람은 실패를 덜 의식하고 새로운 시도를 즐길 줄 안다. 실패를 자신과 동일시하지 않으며 부정적 피드백을 잘

나의 성공,
타인의 실패에서 배운다

받아들인다. 사람들을 칭찬하고 인정하는 상황에서도 고정형 사고를 지닌 사람은 재능과 지능 위주로 칭찬하는데 반해, 성장형 사고를 지닌 사람은 노력과 성장을 칭찬하고 인정하는 데 초점을 둔다. 이것은 자기 자신에게도 마찬가지다. 자기 자신을 고정형 사고 또는 성장형 사고로 바라보는가에 따라 일상의 모습이 달라질 수밖에 없다.

고정형 사고에 빠진 사람일수록 한 개인을 현재 모습보다 출신 학교, 학위, 직위 등 과거 정보로 평가하거나 판단하는 경향이 높아진다. 지금 보여주는 노력과 가능성보다 과거의 업적이나 평판에 초점을 둔다는 것이다. 그리고 자신의 선입견에만 맞는 정보를 취사선택할 가능성이 높은데, 이른바 확증편향이 더 강화되는 것이다.

따라서 급변하는 세상에 적응하고 나아가려면 성장형 사고를 갖는 것이 필요하다. 고정형 사고 패턴에 사로잡혀 있다면 그 사람은 과거에 머물러 있을 가능성이 높다. 현재와 앞으로 만들 미래를 얘기하기보다 과거의 업적이나 과거의 경험을 내세우는 경향이 있기 때문이다. 과거가 현재의 모습이나 앞으로의 가능성보다 더 중요한 셈이다. 과거는 현재에 비해 결코 더 중요하지 않은데도 말이다. 그러므로 리더가 자기 자신과 구성원들을 고정형 사고와 성장형 사고 중 어느 관점으로 보고 있는가는 매우 중요하다. 왜냐하면 우리는 우리가 보기로 한 것에서만 결과물을 볼 수 있기 때문이다.

나는 지금 나아지고 있는가? 그리고 고정형 사고와 성장형 사고 둘 중 어느 관점으로 나 자신을, 구성원들을, 그리고 세상을 보고 있는가?

2

변화는 태도를
바꾸는 것이다

인간은 39세가 되면 새로운 장르의
음악을 듣지 않을 확률이 95퍼센트,
35세가 될 때까지 먹지 않던 음식을
이후로도 먹지 않을 확률이 95퍼센트,
23세가 될 때까지 입어보지 않던 옷을
이후로도 입지 않을 확률이
95퍼센트가 된다.

신경생리학자 로버트 새폴스키|Robert Sapolsky

"사람들은 변화를 좋아할까요?"

"아니요."

최근 몇 년간 임원·팀장 리더십 워크숍 장면에서 빠지지 않는 주제가 '변화와 혁신'이다. 이 장면에서 "사람들은 변화를 좋아할까요?"라고 물으면 이구동성으로 "아니요."라고 답하면서 본능적으로 변화가 불편하다는 감정을 드러낸다. 왜냐하면 변화는 내 생존에 위협이 되기 때문이다. 생존 본능은 인간이 가진 가장 강력한 본능이다. 변화, 다시 말해서 모든 움직임에는 에너지가 필요한데, 에너지는 우리의 생존과 직결되어 있고 인간은 에너지를 아끼고 보존하고 싶어 한다. 인간이 게으름을 피우고 빈둥거리는 성향을 보이는 이유도 그래서다. 그 결과 특별한 이유가 없는 한 현재 상태를 유지하려 하고, 새로운 시도나 변화에 일단 회의적인 반응을 보이는 것이다. 자신의 에너지를 절약하고 미루는 습관, 변화라고 하면 일단 거부하고 보는 습관은 우리 인간의 유전자에 깊이 각인되어 있다고 진화심리학자들은 말한다.

우린 서른다섯까지만 열려 있다

미국 스탠퍼드대학교의 신경생리학자인 로버트 새폴스키Robert Sapolsky의 연구에 따르면,[34] 인간은 만 39세가 되면 새로운 장르의 음악을 듣지 않을 확률이 95퍼센트, 35세가 될 때까지 먹지 않던 음식을 이후로도 먹지 않을 확률이 95퍼센트, 23세가 될 때까지 입어보지 않던 옷을 이후로도 입지 않을 확률이 95퍼센트가 된다. 많은 연구에 따르면, 인간은 35세가 넘으면 변화나 새로운 것에 대한 개방성이 현저히 떨어지게 된다.

인간은 왜 변화를 꺼려 할까? 첫째는 불예측성 때문이다. 인간이 가장 꺼리는 상황은 무언가 안정되지 않거나 예측할 수 없는 상황인데, 변화는 이 두 가지를 모두 증폭시킨다. 그렇기 때문에 모든 것이 있는 그대로 유지되는 현재의 안정성과 확실성에 집착한다. 둘째는 변화 과정에서 내가 가진 무엇인가를 잃을 수도 있다는 손실에 대한 두려움이다. 인간은 본능적으로 이득보다 손실에 극도로 민감하다. 2002년 노벨경제학상을 받은 최초의 심리학자인 대니얼 카너먼Daniel Kahneman의 연구에 따르면, 손실은 이득보다 평균 2.25배 큰 가중치를 지닌다. 예를 들어 주식투자에서 100만 원 손실을 본 사람은 다음번 투자에서 225만 원 수익을 얻어야 먼저 잃은 100만 원의 손실이 만회되었다고 느낀다는 것이다. 이렇듯 대부분의 변화는 실패의 두려움이 성공의 기쁨보다 먼저 떠오르고, 따라서 내가 가진 무엇인가를 잃을 수 있다는 손실의 가능성을 증가시키기 때문에 우리는 변화를 싫어한다. 마지막으로 변화는 인간이 그토록 집착하는 자신의 통제가능성을 약화시킨다. 인간은 통제에 대한 본능과 열정을 타고 났기 때문에 뭔가를 통제한다는 사실 그 자체에서 만족감을 얻는다. 그렇기에 한순간이라도 통제력을 상실하면 인간은 불행하고 무력하며 우울해진다고 한다. 그런데 변화의 과정에서는 이런 통제력을 유지하기가 쉽지 않다. 아니 유지하기는 커녕 상실하기가 훨씬 더 쉽다. 사람들이 변화를 싫어하는 핵심 이유가 여기에 있다.

의견은 바꾸기 쉽지만 태도는 바꾸기 어렵다

변화를 싫어하는 것뿐만 아니라, 변화가 어려운 심리학적 이유가 더 있는데, 우리가 의도하는 변화는 의견이 아닌 태도에 관련된 것이 많기 때문이다. 의견[opinion]이란 '2023년 한국인의 출산율'과 같이 개인이 알고 있거나 사실이라고 믿는 것으로, 가슴이 아니라 머리에서 처리되고, 상반되는 명백한 증거가 있으면 쉽게 바꿀 수 있다. 예를 들어 출산율이 1.0명이 넘는다고 생각했는데, 실제 통계청에서 0.7명이라고 발표하면, 자신의 의견을 수정하는 것이다. 하지만 태도[attitude]는 출산율 저하에 대한 나의 입장, 즉 출산율 저하에 대한 우려에 '동의한다' 또는 '그렇지 않다'처럼 판단을 함축하고 있는 감정적이며 평가적인 요소로, 의견과 비교하여 태도는 변화시키기가 아주 어렵다.

변화는 태도를
바꾸는 것이다

조직이든 개인이든 사람들에게 요구되는 대부분의 변화는 의견의 변화가 아니라 태도의 변화다. 그런데 사람들은 자신의 태도를 바꾸려는 외부의 시도에 대해 본능적으로 저항한다. 앞서 언급한 통제력 본능이 작동하기 때문이다. 이렇게 태도의 변화가 어렵다는 사실만 인식해도 우리는 변화에 대해 훨씬 열린 마음으로 다가갈 수 있다.

그렇다면 태도 변화를 가능케 하는 요인에는 무엇이 있을까? 첫째는 권력power에 기반한 강제이다. 강제력을 동원하여 사람들이 따르게 하는 것이다. 금연의 경우, 회사에서 흡연자의 승진 기회를 제한한다든지, 결혼 조건으로 금연을 내세우는 것 등이 그 예이다.

둘째는 성공 모델이 제시하는 매력attraction이다. 금연에 성공한 동료나 친구들의 건강하고 깔끔해진 모습들을 보면서 좋은 자극을 받는 것이다. TV나 신문 광고에 유명인을 쓰는 이유는 모델의 매력을 통해 홍보를 극대화하려는 의도다.

마지막으로는 신뢰성에 기반한 자기 설득, 즉 내재화internalization 과정을 밟는 것이다. 여기에서의 신뢰성은 정보 자체의 신뢰성과 정보를 제공하는 사람의 신뢰성을 모두 포함한다. 중년기 남성들이 갑자기 금연, 금주를 하는 이유는 많은 경우 건강검진 결과 때문인데, 거부할 수 없는 결과로 인해 자신의 변화 필요성을 스스로에게 설득한 것이다. 태도 변화는 이 세 번째 단계인 내재화의 수준에서 가장 오랫동안 지속할 수 있고, 건강뿐만 아니라 인간관계나 등 삶의 다른 영역에도 영향을 미칠 수 있게 된다.

변화는 더 중요한 것을 보존하기 위한 것

불안정성과 불확실성 회피, 손실회피/혐오, 실패의 두려움, 통제력 상실에 대한 우려 때문에 우리는 변화를 거부하지만, 그럼에도 불구하고 인간은 변화한다. 변화가 일어나는 때를 정리하자면, 첫째는 자신의 태도가 틀렸다는 것을 스스로에게 설득할 때 변화한다. 앞서 언급한 건강검진 결과를 보고 자기의 변화 필요성을 스스로에게 납득시키는 내재화 과정을 밟는 것이다. 둘째는 자신에게 영향을 주는 타인이 변화하는 모습을 볼 때이다. 자기 주변에 긍정적 변화에 성공한 사람이 있거나 좋은 역할 모델이 매력적인 모습을 보여줄 경우 사람들은 그 영향을 크게 받게 된다. 그래서 가정이나 일터에서 부모와 리더의 솔선수범을 그렇게 강조하고 의미 부여하는 것이다. 셋째는 늘 익숙하게 보던 것을 다른 관점으로 보는 인식과 해석의 재구조화이다. 우리가 문제를 다른 관점으로 보기 시작할 때 변화는 시작될 수 있다. 투수의 핵심 역량을 구속과 제구력이 아닌 타자를 속이는 능력으로, 타자의 핵심 역량을 타율과 홈런이 아닌 출루율(아웃당하지 않을 확률)로 새롭게 재구조화해서, 메이저리그 선수 선발의 기준을 바꾼 머니볼 이론[35]이 그 예이다.

"모든 사람이 세상을 변화시키고자 하지만, 자기 자신을 변화시키려는 사람은 없다." 톨스토이의 말이다.

기업 현장에서 변화 시도가 실패하는 현실적인 이유는 리더들의 변화에 대한 대처방식 때문이다. 실패하는 대부분의 변화에서 리더들은 자신을 변화의 대상에서 열외로 둔다. 문제는 저 밖에 있다는 생각으로 구성원들만을 변화의 대상으로 여기고 그들에게 지시하고 강요하고 사후에 훈수를 두는 것이다. 이렇게 변화는 내가 아닌 남이 해야 한다는 자기중심적인 모습을 보이는 경우, 변화는 장기적으로 예외 없이 실패한다. 『이너게임』의 저자 티머시 갤웨이Timothy Gallwey는 "변화를 리드하는 입장에 있는 사람들은 자신들을 변화의 대상에서 제외하는 경향이 있다. 변화는 변화를 리드하는 우리가 그들에게 '요구'하는 것이고, 학습은 '그들'이 해야 하는 것이다. 만일 누군가가 변화를 추진해야 할 책임을 지고 있다면, 그것은 자신을 변화시켜야 할 책임을 면제받는 것과 같다."라고 말했다.[36]

사람들은 '우리와 그들'로 분리된 세상에서 누군가에게 조종당한다는 느낌이 들면 바로 의식적이거나 무의식적인 저항을 한다. 본능적으로 거부감을 보이는 것이다. 따라서 일터에서 성공적으로 변화를 만들고 싶다면 '그 변화의 과정에 리더인 나는 포함되어 있는가?'를 스스로에게 물어야 한다.

끝으로 우리는 흔히 변화와 보존을 반대되는 개념으로 받아들인다. 하지만 누군가가 수십 년간 피우던 담배를 끊는 이유는 무엇이겠는가? 건강을 위해서 혹은 가족과 행복하게 지내고 싶기 때문일 것이다. 즉 나에게 더 중요한 것을 '보존'하기 위해서 불편함을 감수하고 '변화'를 받아들인 것이다. 코로나에 걸리지 않으려고, 건강을 지키려고 삼복더위에도 마스크를 쓰는 변화를 받아들이는 것이다. 따라서 변화가 쉽지 않을 때에는 당신이 그 변화를 통해 보존하고 싶은 것이 무엇인지 분명히 정리해보는 작업도 도움이 된다. 모든 변화는 실행 계획이나 스킬의 문제가 아닌 심리의 문제에서 시작하기 때문이다.

3

스킬보다 마인드가
중요하다

**리더십은 행동 양식이 아니다.
사람을 다루는 기술도 아니다.
어떤 존재가 되느냐의 문제이다.**

경영학자 로버트 퀸Robert Quinn

"경영진으로서 성과에 대한 압박이 늘 심한데, 성과가 나오지 않을 때는 나도 모르게 직원들을 대하는 태도가 달라지는 것 같아요."
(B 임원)

우리 연구소를 찾은 어느 기업 최고 경영진의 이야기다. 모든 리더가 좋은 마인드를 지닌 리더, 성품이 훌륭한 리더가 되고 싶어 한다. 그래서 어떻게 하면 리더십을 더 잘 발휘할 수 있을지 책이나 영상을 보기도 하고, 교육이나 코칭을 받기도 한다. 그렇지만 이런 노력이 늘 효과가 있는 것은 아니다. 왜 그럴까?

마인드가 먼저, 스킬은 그다음

대다수 조직에서 경영자에게 요구하는 역량은 사업적 통찰, 전략적 의사 결정, 이해관계 조정, 커뮤니케이션, 성과 관리 등에 대한 지식과 경험, 기술(스킬)이다. 그렇지만 우리 연구소가 수년 간 현장 인터뷰와 리더십 다면진단을 통해 파악한 바로는 리더십은 지식과 스킬 이상으로 태도 측면인 마인드셋, 즉 마음가짐이 중요했다. 그리고 그 핵심은 대인관계에서 이른바 '승-승win-win의 마인드'를 지니는 것이다. '승-승의 마인드'란 함께 일하는 사람들을 자신의 성공이나 목표 달성을 위한 도구나 대상으로 보지 않고 자신과 같은 욕구와 감정을 지닌 한 개인으로 보는 것이다. 이럴 때 인간관계는 지속성을 가질 수 있고, 리더십의 긍정적 효과가 커지게 되는 것이다. 이 경우 스킬이 약간 미숙하더라도 사람들은 리더의 진심과 의도에 잘 반응한다. 생각해보라. 스킬은 아주 뛰어나지만 상대방을 도구나 대상으로 보는 리더에게 어떤 기분을 느낄지를. 이럴 경우 사람들은 자신이 조종당한다고 느끼기가 쉽다. 결국 마인드가 먼저, 스킬은 그 다음이다.

팀원을 속이거나 조종하려 하지 않는 리더

2013년 캐나다 캘거리대학교 심리학과 이기범 교수와 브록대학교 심리학과 마이클 애슈턴Michael Ashton 교수는 성격에 대한 기존 연구에 새로운 관점을 제시했다.[37] 심리학에서 여러 조사와 연구를 통하여 현대 심리학계에서 가장 널리 인정받고 있는 성격 5요인(외향성·정서성·원만성·성실성·개방성)에 덧붙여 삶의 여러 분야에서 중차대한 역할을 하는 여섯 번째 요인으로 정직·겸손성을 추가한 것이다.

이들의 연구에 따르면 정직하고 겸손한 사람들은 남을 속이거나 조종하려고 하지 않는다. 이들은 남보다 더 많이 차지하려는 탐욕이 적어서 무언가를 얻기 위해 타인을 이용하거나 착취하지 않는다. 또 상대방을 이용해 이득을 취할 수 있는 상황에서도 공정하게 대하고 나누어 가지려 한다. 이들은 개인의 이득보다는 타인과 더불어 살기 위해 지켜야 할 윤리를 중시하고, 타인을 공정하게 대함으로써 오랫동안 서로의 신뢰와 협력을 주고받을 수 있다.

반면 정직하지 못하고 겸손하지 않은 사람들은 자신이 남보다 우월하다고 생각한 나머지 특권 의식을 가진다. 그래서 타인과 협력할 생각이 별로 없고, 타인을 이용하고 착취하는 경향을 보인다. 또한 아부와 거짓말에 능숙하고 개인의 이익을 위해 법과 규정을 무시하기도 한다. 나아가 겸손하지 못한 사람이 공감 능력까지 낮을 경우 차갑고 매정하며, 매우 공격적이고 무례하며 거친 표현을 일삼아 여러 사람과 끊임없이 갈등하는 상황에 놓이게 된다.

겸손함은 약점이 아니다

조직 생활에서 겸손함은 종종 나약함이나 자신감 부족으로 보이기도 한다. 그래서 리더로서 약점이 될 수 있다는 의견도 있다. 그러나 이것은 오해이다.

세계적인 경영학자인 짐 콜린스Jim Collins는 『좋은 기업을 넘어 위대한 기업으로』라는 책에서 고위직 리더의 특성으로 목표 달성 의지와 겸양을 꼽았다. 그들은 조직 안에서 엄청나게 야심차고 조직에 헌신적이며, 무엇보다 큰 특징은 매우 겸손하다는 것이다. 짐 콜린스는 "이런 리더들은 일이 잘못되었을 때는 자책하며 자신에게 책임을 돌리지만, 일이 잘 풀릴 때에는 자기 자신 외의 요인들에 찬사를 돌릴 만큼 개인적으로 매우 겸손하다. 이들은 자신의 위대함에 대한 평판을 만들기보다 영속적인 위대한 기업을 만들기 위해 차세대의 후계자들이 훨씬 더 큰 성공을 거둘 수 있는 기틀을 마련해준다."고 강조한다.[38]

또 직업 맥락의 성격 검사 기업인 호건 진단 Hogan Assessment 의 CSO 라인 셔먼Ryne Sherman 박사도 "겸손한 리더들은 스포트라이트를 피하고 팀에 공로를 돌리는 경향이 있다."라고 말한다.[39] 겸손한 리더도 야심차고, 도전적이고, 목표지향적이다. 실제로 좋은 성과를 만들어 낸다. 다만 그 과정에서 겸손하지 못한 사람과는 전혀 다른 태도와 방법을 취한다.

겸손한 리더는 피드백과 비판에 더 개방적이다. 놀랍도록 빠르게 변화하는 비즈니스 환경에서 그들은 자신의 한계를 인정하고 항상 다른 사람들로부터 배울 수 있다고 생각한다. 그들은 구성원의 아이디어와 전문 지식을 더 잘 활용하고, 더 좋은 의사 결정을 한다. 결과적으로 겸손한 리더는 더 유연하고 적응력이 뛰어나며, 이러한 리더의 영향을 받는 구성원들의 자기효능감은 증가한다. 또한 겸손한 리더십은 팀의 창의성을 촉진하는 데에도 중요한데, 리더가 구성원의 아이디어와 피드백에 개방적이기 때문에 구성원도 심리적 안정을 느낄 수 있어 정보 공유도 활발해지고 창의성도 증가하기 때문이다. 미국 브리검영대학교의 브래들리 오언스 Bradley Owens 교수에 따르면 겸손한 리더가 있는 팀은 리더가 겸손하지 않은 팀보다 더 높은 수준의 결과를 만들어낸다.[40]

사람들은 위선에 분노한다

"새롭고 좋은 방법이 없나요? 참고할 만한 사례나 자료를 주시면…." 현장에서 만난 많은 리더들은 즉시 활용할 수 있는 스킬이나 벤치마킹 자료를 요청하곤 한다. 그래서인지 요즘 리더십 분야 책들은 제목에 '실리콘밸리에서는'처럼 외국의 선진 사례나 '누구누구의 리더십 스킬'처럼 배워서 따라 할 수 있을 거라고 기대하게 하는 표현이 포함되는 것 같다. 물론 선진 사례도 배워야 하고 다양한 리더십 스킬도 필요하다. 다만 이런 스킬이 잘 작동하고 그 결과 좋은 리더가 되기 위해서는 우선 건강한 인간관이 전제되어야 한다. 이 전제가 충족되지 못하면 정직하지 못하고 겸손하지 않은 사람들이 대개 그러는 것처럼 구성원을 조종하고 이용하고 무시하고 공격적으로 대하는 본모습을 감추려고 잠시 그럴듯한 가면을 쓰는 촌극을 벌이게 된다.

구성원들은 리더의 말과 행동을 끊임없이 관찰하고 판단하면서 구성원에 대한 존중과 배려가 담겨 있는지, 겉과 속이 같은지 다른지 본능적으로 알아차린다. 사람들은 위선에 분노하는데 그 이유는 선한 인간의 모습으로 위장하고서 자신을 속였다고 생각하기 때문이다. 사람들은 위선자를 거짓말쟁이보다 더 믿을 수 없고, 도저히 정이 가지 않으며, 도덕적으로 문제가 많은 사람으로 평가한다. 그런 리더를 구성원이 따를 리 만무하다. "리더십은 어떤 행동 양식이나 다른 사람을 다루는 기술이 아니라 어떤 존재가 되느냐의 문제이다. 그들이 '어떤 인격의 사람인가'라는 차원에서 생각해봐야 한다."라고 미국 미시간대학교 로버트 퀸Robert Quinn교수는 말했다.[41]

리더에게 건강한 인간관이 필요한 또 다른 이유는 조직이 지니는 기본적 속성 때문이다. 조직은 근본적으로 수직적인 사회이다. 높은 지위에 있는 사람이 더 많은 권한과 권력을 가진다. 그렇기 때문에 지위가 높을수록 더 정직하고 겸손해야 한다. 업무 수행 과정에서 자기 생각이 틀릴 수도 있고, 자기 경험이 이미 낡아 유효하지 않을 수 있다는 겸양의 자세가 필요하다. 그래야 수평적으로 소통하고, 신뢰할 수 있는 인간관계를 맺고, 이를 토대로 조직 앞에 놓인 다양한 문제를 해결할 수 있다. 이러한 과정을 통해 구성원이 성장하고, 조직의 성과도 만들어진다.

『인격의 힘』의 공동 저자인 론 시먼스Ron Simmons는 수많은 기업의 리더와 인터뷰하고 나서 "리더십에 대한 토론은 대개 능력과 경쟁에 대한 이야기로 시작되지만, 결국은 한 개인의 인격과 성실성에 대한 이야기로 끝을 맺는다."라고 결론을 내렸다.[42] 이러한 결론은 어찌 보면 당연할 수밖에 없다. 능력이 출중한 다양한 구성원 사이에서 일부만이 리더가 된다면 그들은 능력 이외에도 다른 특출난 뭔가를 갖추지 않으면 안 된다는 의미다.

우리는 기만적이고 거만하고 과시적인 것보다 정직하고 겸손하고 타인을 존중하고 공정하게 대하는 태도가 더 나은 삶의 방식이라는 것을 이미 너무나 잘 알고 있다. 이미 잘 알고 있는 그 상식의 중요성을 거듭 상기하고, 정직, 겸손, 존중, 공정의 가치를 일상에서 더 많이 실천하도록 노력하는 것이 필요하다. 왜냐하면 알고는 있지만 전혀 쉽지 않은 일이기 때문이다. 그리고 치열한 비즈니스 환경에서도 이러한 삶의 방식이 중요한 이유는 우리 모두는 영혼과 감정을 지닌 인간이기 때문이다.

스킬보다
마인드가 중요하다

4

동기부여는 마음을
움직이는 것이다

**불만족 요인을 없앤다고
곧 만족 상태가 되지 않으며,
불만족 요인의 반대급부가
곧 동기부여 요인이 되지는 않는다.**

심리학자 프레드릭 허즈버그 Fredrick Herzberg

요즘 리더들에게 가장 어려운 과제 중 하나가 구성원 동기부여다. 자신의 권리에 민감하고 언제든 회사를 그만둘 마음의 준비가 되어 있는 요즘 세대 구성원부터 언젠가부터 마음과 뇌가 무뎌져버린 중년의 구성원까지, 직원들은 더 이상 조직을 평생 몸담아야 할 곳으로 생각하지 않는다. 조직에 대한 몰입과 충성심보다는 본인의 커리어와 당장의 이익이 더 중요한 상황이 됐다.

이 상황에서 리더에게 동기부여란 '어떻게 하면 구성원들이 좀 더 자발적이고 주도적으로 열심히 일하게 할 수 있을까?', '어떻게 하면 구성원의 우수한 능력을 회사 일을 하는 데 쓰게 할 수 있을까?'로 요약된다.

동기motivation란 특정 목표를 향한 행위를 하도록 자극하는 것이라 정의된다. 동기는 인간을 움직이게 하는 힘이며, 인간은 동기 없이 행동하지 않는다. 동기의 가장 큰 매력은 까다롭고 도전적이며 때로 우리를 좌절시키는 일까지도 해내게 하는 힘을 준다는 점이다. 이 힘은 다양한 방식으로 개인의 일상에 영향을 미친다.

동기부여와 관련한 고전적이며 대표적인 이론으로 프레드릭 허즈버그Fredrick Herzberg의 동기-위생 2요인 이론을 들 수 있다. 그는 사람에게 만족을 주는 동기 요인과 불만족을 주는 위생 요인을 구분했다. 동기 요인으로는 도전적인 일, 인정, 책임 그리

동기부여는 마음을
움직이는 것이다

고 개인적인 성장 등 내재적 동기를 유발하는 자기 성취적인 요인들을 꼽았고, 위생 요인으로는 직무 환경, 관리자 스타일, 보상 등의 외재적 동기를 유발하는 요인 등을 제시했다. 이 이론의 핵심은 만족(동기 요인)과 불만족(위생 요인)이 양 극단을 이루는 요소가 아니라 서로 다른 차원의 문제라는 것이다. 따라서 불만족 요인을 없애는 것만으로 만족스러운 상태가 되지 않고, 불만족을 일으키는 요인의 반대급부가 곧 동기를 유발하는 것도 아니라는 것이다.

가장 대표적인 동기부여 요소로 금전적 보상, 즉 돈을 떠올릴 수 있다. 그런데 행동경제학의 석학인 듀크대학교 댄 애리얼리Dan Ariely 교수는 '동기=돈+성취+행복+목적+자기 개발+안정된 노후+이타심+명예+양육할 자녀의 수+자긍심+기타 등등 모든 요소'라는 공식을 제시하면서, 이 공식에서 '돈은 얼마나 중요한 요소일까?'라는 질문을 던진다.

실제 대부분의 경영 현장에선 금전적 보상을 주요한 동기 요인으로 사용한다. 문제는 기대만큼 보상의 효과가 크지 않다는 데 있다. 사람들이 이전보다 좋아진 여건에 적응하는 데 필요한 시간은 평균 3개월이다. 새 아파트에 입주했을 때, 새 차를 구입했을 때 경험을 떠올려보면 쉽게 이해할 것이다. 소득 증가도 마찬가지이다. 소득 증가로 생긴 혜택의 3분의 2는 1년 안에 사라진다. 따라서 많은 기업에서 연봉 인상이나 성과급 같은 당근을 사용하고도 그 결과가 기대에 미치지 못하는 것은 인간의 욕망이 소득 증가분보다 훨씬 더 크고 빠르게 상승한다는 심리적 요인을 간과하기 때문이다. 돈은 물론 중요하다. 그러나 돈에만 집중하면 다른 소중한 것들을 간과하는 우를 범할 수 있다.

출근할 때마다 '나의 공간'이 바뀐다면

최근 주목받는 동기부여 방법 중 하나가 자율좌석제다. 지정된 개인 공간을 없애고 먼저 출근한 사람부터 선호하는 좌석을 선착순으로 차지하게 하는 방식이다. 수평적인 문화를 만들고, 소통과 협업을 촉진하며, 창의적 업무 수행을 지원하기 위해 많은 조직이 자율좌석제를 도입하고 있다. 문제는 이 공간에는 오직 책상과 의자, 콘센트만 있을 뿐 개인이 '나의 공간'이라는 애착이나 안정감을 느낄 만한 요소는 전혀 없다는 점이다. 이러한 사무실 구조는 회사가 구성원을 여러 생산요소 중 하나, 즉시 대체 가능한 부속품처럼 취급한다는 것을 은연중에 암시하게 된다. 이처럼 예측 가능성이 낮고 불안정한 환경에서 인간의 동기는 나오기 어렵다. 마지못해 시키는 일만 대충 해치우는 의무방어만 존재할 뿐이다.

사장실이나 임원실이 매일 아침 출근할 때마다 바뀐다면, 혹은 빈자리에 선착순으로 앉아야 한다면 리더 본인은 어떤 기분이 들겠는가? 심리학자 입장에서 본다면 자기 자리에 애착을 느끼고 자기만의 특징을 나타내는 상징물이 많을수록 스스로 동기 부여될 가능성이 더 높다. 직원을 대체 가능한 부속품으로 보는 것이 아니라 고유한 또는 개별적인 욕구와 가치를 지닌 한 개인으로 봐줄 때 사람들은 스스로 동기부여되기 때문이다.

아울러 매일 유목민처럼 좌석을 찾아다니는 환경에서는 직원들 사이에서 협업과 아이디어 촉진이 일어나기 어렵다. 일터에서 자신이 공동체의 지지를 받는 일원이라고 느끼지 못하면 직무에 몰입하여 생산성을 발휘하길 기대하기 힘들다. 공동체 의식의 부재는 일터에서 '나와 너(회사)', '우리와 그들'로 사람들 마음을 분리시키는 요소로 작동한다. 자율좌석제는 우리가 원하는 진정한 의미의 자율성을 담고 있지 않다. 따라서 협업과 소통을 강화한다는 이유로 자율좌석제가 유행하는 것은 인간에 대한 무지에서 비롯된 아이러니이다.

경제적 보상보다 심리적 보상이 더 오래간다

심리학자 에드워드 데시$^{Edward Deci}$와 리처드 라이언$^{Richard Ryan}$은 자기결정성 이론을 주창하면서 인간의 기본적인 심리적 욕구 세 가지를 자율성, 유능감, 관계성으로 제시했고, 이 중 자율성을 가장 기본적인 심리적 욕구로 강조했다. 인간은 누구나 통제에 대한 강렬한 욕구를 가지고 태어났고 인생의 모든 장면에서 자기 통제감을 유지하고 싶어 한다. 그리고 자율성이야말로 통제감을 만드는 가장 중요한 동력이다.

미국 시카고대학교 심리학과 알렉스 쇼Alex Shaw는 2012년 연구에서 특정한 구조물을 만드는 실험을 수행했다.[43] A 조건은 자신이 아이디어를 제공해서 타인이 조립하게 하는 방식ownership of ideas이고, B 조건은 타인이 아이디어를 제공하고 조립은 자신이 하는 방식physical ownership이다. 실험 결과, 네 살짜리 아이들조차 현저한 차이로 A 조건, 즉 자신의 아이디어가 결과물로 구현되는 것을 선호하는 것으로 나타났다. 우리는 아주 어릴 때부터 자기 아이디어에 애착을 느끼며 거기에 의미를 부여한다.

사람이라면 누구나 인정받고 싶고 성취하고자 하는 욕구가 있다. 인간의 유능감은 스스로의 평가에 의해 그리고 타인의 인정을 통해 확인되는 것이다. 하지만 많은 조직에서 주로 경제적 보상에만 초점을 맞추다 보니 인정, 칭찬, 격려와 같은 심리적 보상의 가치를 충분히 인식하지 못하는 경향이 있다. 인정과 칭찬을 하더라도 그저 의례적인 수준에서 그치는 경우도 많다. 여기서 일본 국립생리학연구소 연구팀의 발견에 주목할 필요가 있다.[44] 이 연구팀은 칭찬받은 사람의 뇌와 카지노에서 돈을 딴 사

동기부여는 마음을
움직이는 것이다

람의 뇌를 단층촬영하여 비교하였는데, 두 그룹의 대뇌에서 비슷한 반응을 발견했다. 즉 심리적 보상인 칭찬과 경제적 보상인 돈은 별개의 보상처럼 보이지만, 뇌신경학적으로는 대뇌의 선조체striatum라는 부위에 같은 방식으로 코딩된다는 것이다. 그 결과 인정이라는 심리적 보상을 받아도 마치 보너스를 받은 것처럼 대뇌가 활성화되어 도파민이라는 호르몬이 방출된다. 도파민은 욕망과 쾌감에 관계된 호르몬으로 동기를 부여하고 의욕을 북돋는 역할을 한다.

1869년 창립하여 오랜 역사를 자랑하는 식품회사 캠벨수프의 사례[45]도 인정받고자 하는 욕구가 개인에게 얼마나 중요하게 작용하는지 우리에게 알려준다. 캠벨수프는 2001년에 주가가 반토막이 나고 경영진에 대한 신뢰는 곤두박질치는 등 좌초 위기를 맞았다. 난파선 같던 캠벨수프를 되살린 이는 더글러스 코넌트Douglas Conant 당시 CEO였다. 그는 2001년 취임한 이후 10년간 탁월한 리더십으로 캠벨수프를 회생시켰는데, 특히 정중함을 바탕으로 직원들을 인정하고 칭찬할 거리를 찾으려 애썼다. 직원들과 자주 소통하며 신뢰를 쌓고 싶었지만 내성적인 성격이었던 코넌트는 직원들을 구체적으로 칭찬하는 내용을 직접 편지에 적어 직원들에게 주었는데, 10년간 쓴 손편지가 무려 3만 장에 이른다고 한다. 구성원 개개인을 개별적인 존재로 보고 진정한 관심을 기울였던 것이다. 물론 직원들은 코넌트의 진심에 수익과 매출 급증이라는 성과로 보답했다.

인간은 이성보다 감정에 더 많은 영향을 받는 존재이다. 따라서 리더는 마음의 원리를 이해할 수 있어야 한다. 우리 연구소가 만났던 어떤 기업의 CEO는 10년 동안 직원들의 생일마다 그 직원의 부모님께 "훌륭한 인재를 키워주셔서 고맙습니다."라는 손편지를 써서 꽃다발과 함께 보냈다. 선물을 받은 부모와 직원이 어떤 감정이었을지는 충분히 예상할 수 있을 것이다. 훌륭한 리더는 사무적으로 경영하는 것에서 나아가 정서적·심리적으로도 경영해야 한다.

혼자서 끝까지 완수해내면 애착이 더 커진다

인간은 자기가 하는 일을 의미 있게 만들고 싶어 한다. 댄 애리얼리 교수는 레고블록 40개를 조립해 로봇을 만드는 실험을 통해 일의 의미와 보상의 관계를 밝혀냈다. 실험은 로봇 1개를 완성하면 2달러를 주고, 그다음 완성품부터는 11센트씩 차감하여 보상을 주는 방식으로 진행됐는데, 조건은 두 가지였다. 하나는 본인이 조립한 로봇을 감독관이 검수한 후 책상 아래 박스에 넣고 나서 다음 로봇을 계속 조립하게 하는 것이었고, 다른 하나는 조립한 로봇을 제출하면 감독관이 눈앞에서 해체하여 다시 조립하게 하는 시시포스식(무의미한 작업)[46] 조건이었다. 완성품에 대한 보상은 똑같고, 시간 압박도 없었다. 하지만 결과는 달랐다.

조립한 로봇을 박스에 보관했던 이들은 평균 10.6개를 조립하여 14달러 40센트를 보상받았으며, 로봇 1개를 완성했을 때의 첫 보상을 반 이상으로 낮춘 1달러 미만인 조건에서도 65퍼센트가 조립할 의사가 있다고 응답했다. 반면 자신이 조립한 레고블록이 눈앞에서 해체되는 것을 본 이들은 평균 7.2개를 조립하고 11달러 52센트를 받았다. 그리고 1달러 미만 조건에서는 20퍼센트만이 참여 의사가 있다고 응답했다.

이 연구는 작업자의 의욕과 태도가 그 작업에 스스로 얼마나 의미를 느끼느냐에 따라 달라진다는 것을 분명하게 보여준다. 애리얼리는 "만약 직원들의 사기를 꺾고 싶다면 그들이 수행한 업무를 그들의 눈앞에서 파기하고, 조금 교묘한 방법으로 의욕을 꺾고자 한다면 무시하라."라고 했다. 그러면서 노동이 의미를 유발하는 것의 효과 그리고 반대로 노동의 의미를 박탈하는 것의 효과는 우리가 예상하는 것보다 훨씬 강력하다는 점을 강조했다.

이러한 심리는 DIY^{Do It Yourself}와도 연결된다. 몇 년 전 딸아이에게 만들어줄 요량으로 서랍장 조립 세트 구입해 오후 내내 조립한 적이 있었다. 할 때는 힘들고 왜 이런 고생을 사서 하나

하는 마음이었지만, 해놓고 나니 나 자신이 대견하고 좋은 아빠라는 심리적 만족이 아주 컸던 경험이었다. 그런데 나만 그런 것이 아니었는지, 이러한 현상을 부르는 이름도 있다. 스웨덴 가구업체의 이름을 따서 '이케아 효과'라 부른다. 이케아 효과는 댄 앨리얼리와 동료들이 2011년 『소비심리학 저널』에 기고한 논문에서 처음 언급했는데,[47] 직접 노동함으로써 노동의 결과물을 더 선호하고 애착을 갖게 된다는 개념이다.

우리는 제품 혹은 작업의 완성을 위해 더 많이 관여할수록 작업에 더 큰 애착을 갖게 된다. 결국 이케아 효과는 작업 과정에 대한 작업자 본인의 직접적인 관여가 애착을 높이는 핵심임을 시사한다. 그렇다면 리더의 지나친 간섭이나 통제가 왜 구성원들의 근무 의욕이나 결과의 질에 영향을 주는지 알 수 있다. 우리가 하는 일에서 구성원들이 이런 이케아 효과를 경험하게 하려면 최종 결과를 만드는 사람에게 더 많은 역할을 할 수 있도록 권한이나 지분을 줘야 한다. 구성원들이 어떤 일을 직접 작업하고 완수해내면 그 대상에 대해 더 큰 애착을 갖게 될 가능성이 크기 때문이다.

인간은 의미를 추구하는 존재다. 자신이 하는 일이 자신과 세상에 의미가 있다고 생각하면 기꺼이 어려운 과제나 부담을 짊어질 수 있다. 지금 우리 회사는 직원들의 자율성과 참여 의지

를 얼마나 활용하고 있을까? 리더는 구성원들에게 현재 그들이
하고 있는 일의 의미를 알게 하고 있는가?

5

공간과 상황을 바꾸면
성과가 나온다

흔히 과학자가 혼자서
위대한 발견을 한다고 생각하지만
사실은 그렇지 않다.

"비대면 근무가 많아지면서 직원들이 뿔뿔이 흩어져서 일하다
　보니, 성과에 대한 고민이 생길 수밖에 없죠. 그나마 반복적인
　업무는 큰 문제가 없는데, 새로운 아이디어가 필요한 신규 과제나
　개선 과제가 있을 땐 일이 제대로 돌아가질 않아요."(A 팀장)

코로나 팬데믹 이후 회사 근무와 재택근무가 혼합된 근무 형
태인 '커넥티드 워크connected work'가 보편화되면서, 많은 전문가
가 이러한 형태가 새로운 표준이 될 것으로 전망하고 있다. 하지
만 사무실에 모여서 일할 때 가장 효과적으로 협업할 수 있고, 새
로운 지식과 노하우가 창출된다는 의견도 여전히 많다.

재택근무는 새로운 팀원과의 소통을 막는다

2021년 초 마이크로소프트가 직원들을 대상으로 조사한 결
과, 재택근무를 하는 동안 새로운 아이디어나 목표 제시 같은 창
의적 업무능력이 '더 나빠졌다'라는 응답이 '더 좋아졌다'라는 응
답보다 세 배나 많았다. 동료와의 원격 협업 경험에 대해 묻는 또
다른 조사에서도 원격 근무는 '브레인스토밍과 아이디어 창출이
어렵다'라는 답변이 30퍼센트로, 계획 수립(17%), 정보 공유(17%),
문제 해결(16%) 등 다른 항목보다도 높았다. 미국 스탠퍼드대학
교 경제학과 니컬러스 블룸Nicholas Bloom 교수는 "재택근무를 하

면 기존 팀원과는 소통을 더 많이 하는 반면, 새로운 팀원과의 연결 가능성, 소통 능력은 확연히 떨어져서 잠재력이 발현되기 어렵다."라고 분석하면서, 창의력이 필요한 업무는 집보다 회사에서 수행하는 편이 훨씬 낫다는 의견을 제시했다.[48]

창의성은 몰입과 이완의 적절한 불균형에서 나온다

창조를 흔히 '무에서 유를 만드는 것'이라 생각하지만, 창조는 '기존의 지식, 정보, 경험을 새롭게 조합하여 발견하는 것'이다. 컬럼비아대학교 경영대학원의 윌리엄 더건William Duggan 교수는 섬광 같은 통찰력은 과거의 지식과 경험에서 비롯된, 조각처럼 흩어진 정보들이 '번쩍'하는 통찰의 과정을 통해 재결합할 때 생겨난다고 설명했다. 피카소도 빌 게이츠도 그리고 스타벅스의 하워드 슐츠도 다 그런 과정을 통해 새로운 아이디어를 창조했다.

즉 창조의 첫째 기본 재료는 '우리의 몸과 머리에 저장된 경험과 지식의 양과 질'인 것이다. 이러한 내공을 기반으로 찰나의 통찰이 만들어지는 것이므로, 초보자에게 창조를 기대하는 것은 어불성설에 가깝다. 작곡가이자, 프로듀서, 댄서, 배우, 패션 디자이너를 겸하는 다재다능한 미국의 가수 그웬 스테파니Gwen Stefani는 "사람들은 창의성을 스위치로 켰다 껐다 할 수 있는 것으로 생각하지만 사실은 그렇지 않다. 창의성은 어느 정도 생성되는 것이다. 우리가 머릿속에 모은 모든 것들의 합성물이다. 그것이 언제 나타날지는 절대 알 수 없다. 그것은 그저 마법처럼 나타난다. 그것은 그렇게 쉽기도, 그렇게 어렵기도 한 것이다."라며 창조하는 것에 대한 생각을 말하기도 했다.[49]

그런데 경험과 지식의 양과 질만 담보된다고 다 해결되는 것도 아니다. 우리 선조들은 아이디어가 가장 잘 떠오르는 곳을 마상馬上, 침상枕上, 측상廁上이라고 했다. 요즘으로 치면 운전 중 교통체증에 걸렸을 때이거나, 자려고 누웠을 때, 샤워할 때나 화장실을 이용할 때에 해당될 텐데, 이 공간들의 공통점은 잠시 생각을 접어두게 되는 곳이라는 점이다. 즉 의도적으로 해결책이나 답을 찾으려고 노력하지 않는 순간이다. 그러므로 고도의 창의성은 몰두하기와 접어두기, 활동과 휴식 사이의 리듬감 있는 움직임처럼 양쪽 극단 사이의 '적절한 불균형점'에서 나온다. 머릿속에 해결하고 싶은 과제를 붙잡고 있음과 동시에 그 과제에 집착하지는 않는, 그런 상반되는 조건을 충족시켜야만 기존의 생각을 리셋하고 예기치 못한 것을 발견하게 된다. 이것이 새로움을 만드는 둘째 조건이다.

셋째 조건은 대화이다. 서로 다른 전문성을 가진 사람들이 새롭고 흥미로우면서도 예측하기 어려운 의견을 나누는 와중에 중요한 발견들이 생기더라는 것이다. 이런 아이디어는 캐나다 맥길대학교 심리학과 케빈 던바^{Kevin Dunbar} 교수의 연구[50]에서 힌트를 얻을 수 있다. 그는 여러 연구실들을 방문하면서 과학자들이 실제 연구하는 모습을 관찰했다. 그곳에는 획기적 발견이 자주 일어났던 환경이 있었는데, 일반적인 예상과 달리 과학자들이 혼자서 위대한 발견을 하는 일은 아주 드물었다. 그 대신 대부분의 중요한 아이디어는 배경도 전문성도 다른 열 명 남짓의 학자들이 모여 형식에 구애받지 않고 최신 연구에 대해 이야기를 나누거나 아이디어를 공유하는 정기적인 모임에서 나왔다. MIT 경영대학원에서 과학 논문들을 분석한 결과[51]도 비슷하다. 이들은 제약회사 일라이릴리의 문제 해결 네트워크인 이노센티브에 올라온 26개 회사의 미해결 과제 166가지를 분석했는데, 그 결과 과제 중 30퍼센트의 해결책이 전혀 관련 없는 분야의 비전문가에게서 나왔고, 이들의 배경이 다양할수록 문제를 해결할 확률이 높아지는 것을 발견했다.

한국 교수들이 안식년에 외국 유명 대학을 방문했을 때, 몇몇 저명한 교수들과 함께 나눈 잡담 같은 대화들이 1, 2년 뒤 학계의 화두가 되더라는 이야기를 여러 번 들은 적이 있다. 창조적 지식이 태동하는 지점은 현미경 속이 아닌 카페의 테이블일지 모른다. 스티브 잡스도 '사내에서의 우연한 만남을 통한 창의적 아이디어 교환'을 중시했다고 한다.

상황만 바꿔도 성과가 달라진다

수많은 심리학 연구들은 특정 상황에서 사람들이 효과적인 행동을 하도록 만들려고 할 때 개인 요인보다는 상황 요인, 즉 환경을 바꿔주는 편이 더 성공적인 결과를 만든다는 사실을 보여준다. 『탁월한 아이디어는 어디에서 오는가』의 저자 스티븐 존슨Steven Johnson은 "한 개인이 어떤 네트워크에 편입되면 누군가의 지혜를 활용할 수 있게 된다. 그리고 그 네트워크에 연결된 덕분에 개인들이 똑똑해진다. 이런 특징을 유동적 네트워크라고 한다."라고 말한다.[52] 그렇다면 어떻게 지식의 양과 질을 늘리고, 몰입과 이완의 '불균형점'을 찾고, 유동적 네트워크를 촉진하는 상황을 만들 수 있을까?

첫째, 회사에서 자연스럽게 다른 부서 사람들과 상호작용할 수 있는 공간을 우선하여 마련해야 한다. 좋은 커피머신을 설치하고 휴게실을 카페처럼 꾸미는 회사가 늘고 있는 것도 사실 이런 이유 때문이다. 예를 들자면 2008년 다섯 명으로 시작한 미국의 스타트업 훗스위트Hootsuite는 크게 성공해 직원이 1,000명이 넘자 문제가 생기기 시작했다. 직원이 늘어나면서 오히려 소통이 뚝 끊겼고 이 때문에 고객 서비스의 질도 떨어졌다. 그래서 이

회사의 창업자가 낸 아이디어가 이른바 '랜덤 커피random coffee'
다. 2016년 2월부터 사다리타기하듯 전 직원을 무작위로 짝을
지어 커피를 마시게 했더니 서로 이야기하면서 다른 부서의 작
업을 이해하게 되었고, 직원 간 아이디어 교류와 창출도 활발해
졌다. 랜덤 커피 제도는 결과적으로 불통의 문제를 해결하는 효
과를 만들어냈다.

둘째, 인간은 긴급하고도 중요한 상황에서는 현상 유지 이외
의 다른 전략을 쉽게 생각하지 못한다. 시간이 한정되어 있으면
심리적 압박감이 들어 창의적 대안을 탐색할 수 없기 때문이다.
인간의 뇌는 그렇게 설계되어 있다. 혁신은 여유로운 시간과 적
정한 자유가 허용된 상황에서 치열하게 고민할 때 이뤄진다. 뛰
어난 성과를 올리는 사람들은 대개 압박이 심할수록 역설적으로
망중한의 자세로 여유를 가지고 새로운 기회를 탐색한다. 필요
할 때 속도를 내려면 오히려 천천히 가야 한다는 사실을 알고 있
어서다. 좋은 혁신 문화를 가지고 있는 기업들이 의도적인 휴식
을 강조하는 것이 이 때문이다. 구글의 '20퍼센트 자유시간' 제도
도 혁신을 위한 장치라고 할 수 있다.

셋째, 개인의 다양성과 독립성을 지원해야 한다. 미국의 피
그스만 침공 사건은[53] 최고의 전문가들이 모여 이뤄낸 최악의 의
사 결정 사례로 꼽힌다. 이 사건을 연구한 예일대학교의 심리학

자 어빙 제니스Irving Janis는 응집력이 높은 집단에서 만장일치가 요구될 때 집단에 속한 구성원들이 압력을 느끼고, 다른 구성원들과의 갈등을 일으키지 않기 위해 비판적인 생각을 하지 않게 되면서 종종 터무니없는 비합리적인 결정을 내린다는 것을 발견하고, 이를 집단사고groupthink로 명명했다.[54] 특히 우리나라처럼 서열과 관계를 중요시하는 문화에서는 집단사고가 더욱 쉽게 발생할 수 있다. 또한 지시적인 리더가 집단을 이끌 때나, 구성원들의 사회적 배경과 관념의 동질성이 높을 때도 집단사고가 발생할 가능성이 커진다. 포스코경영연구원에서 빅데이터 분석을 통해 집단 내 아이디어의 흐름과 상호관계를 관찰한 결과,[55] 성과가 좋은 팀은 모든 팀원이 아이디어 흐름에 기여하면서 아이디어 흐름이 균형 잡힌 형태를 보였지만, 성과가 낮은 팀은 소수의 팀원이 아이디어의 흐름을 장악하는 패턴이 나타났다. 따라서 창조적 사고를 위해서는 각 개인이 가능한 한 독립적으로 사고하고, 조직은 대중의 지혜를 활용할 수 있도록 구성원들의 다양한 의견을 수용하며 문제를 분산시켜 해결하는 방법을 취해야 한다. 기업 내 집단이 선택할 수 있는 최고의 길이 합의나 타협이 아닌, 의견의 불일치와 경쟁에서 나오기 때문이다.

일본의 경제학자 오마에 겐이치大前研一는 『난문쾌답』에서 인간을 바꾸는 방법에 관해 "인간을 바꾸는 방법은 세 가지뿐이다.

시간을 달리 쓰는 것, 사는 곳을 바꾸는 것, 새로운 사람을 사귀는 것. 이렇게 세 가지 방법이 아니면 인간은 바뀌지 않는다. 새로운 결심을 하는 건 가장 무의미한 행위다."라고 말했다.[56] 그만큼 상황 요인을 바꿔주는 것이 행동의 변화를 이끄는 데 중요하다.

재택근무나 원격근무가 보편화되면서 비대면 근무의 효율성은 어느 정도 입증되고 있다. 다만 어떤 형태가 되든 창조적 지식이 만들어지기 위해서는 서로 다른 지식과 경험, 배경을 가진 사람들이 만날 수 있도록 공간을 재설계하고, 새로운 기회를 탐색할 수 있는 시간과 심리적 여유를 제공해야 한다. 개인의 다양성을 활용하기 위한 환경을 리더가 적극적으로 고민하고 만들어야 하는 것이다. 사무실 내 여유 공간을 낭비로 보고 줄일 것이 아니라 새롭게 활용할 방법을 찾아야 하고, 팀원이 타 부서 직원과 수다 떠는 걸 무작정 막을 게 아니라 거기서 의외의 아이디어가 튀어나올 수 있는 분위기가 조성되도록 해야 한다. 자신과 생각하는 방식이 전혀 다른 직원이 뜻밖의 통찰을 줄 수도 있다는 심리적 여유를 가져 보는 것은 어떨까? 이것이 창의성의 충분조건은 아니지만, 그 정도의 수고와 개방성 없이 새로운 비즈니스는 만들어지지 않는다.

공간과 상황을 바꾸면
성과가 나온다

6

인사평가는 모두를
만족시키지 못한다

**직원의 성과를
수치화하는 평가는,
사실 평가자의 취향을
더 많이 반영한다.**

심리학자 마이클 마운트 Michael Mount,
스티븐 스컬런 Steven Scullen

"우리 팀장님은 자기랑 술 자주 마시고, 밥 자주 먹는 직원을 편애해요."(A 팀원)

"저랑 별 차이도 없는데 동료는 A, 전 B를 받았어요. 도대체 평가 기준이 뭔지 알고 싶다니까요."(B 팀원)

인사 평가 결과를 받아든 직원들의 이야기다. 인사 평가에 대한 수많은 조사에서 나타난 직장인들의 생각은 '평가 기준이 불명확하고 평가 과정도 일방적인 데다 근거마저 불분명하다.'로 요약된다. 그래서 인사 평가 결과에 만족하지 않는 직장인 2명 중 1명은 이직을 결심한다는 조사 결과도 있다.[57] 수많은 전문가가 효과적인 인사 평가 제도를 만들기 위해 애를 쓰고 있는데도, 왜 직원들의 인식은 달라지지 않을까?

객관적으로 평가하고 있다는 착각

사람들은 세상을 있는 그대로 보지 않는다. 자기의 입장이나 처지, 관점에 따라 보고 싶은 대로 본다. 그래서 회사 내에서 이뤄지는 인사 평가나 보상은 어떤 결론이 나와도 늘 말이 많다. 입장에 따라 긍정과 부정, 유불리에 대한 해석이 다르기 때문이다. 이런 상황에서 리더가 "내가 객관적으로 볼 때~"라는 말을 쓰면 쓸수록 소통이 단절되고 문제가 꼬이며 상황이 더 불편해진다.

반대로 "내가 보기에는", "내 생각에는"이라는 말을 하면 상대가 오히려 나의 의견에 귀를 기울이게 된다. 객관성을 강조할수록 관계가 멀어지고, 주관성을 드러낼수록 오히려 더 가까워진다. 인간의 심리가 이렇다.

아이오와대학교의 마이클 마운트Michael Mount 교수와 노스캐롤라이나주립대학교의 스티븐 스컬런Steven Scullen 교수가 직원 평가에서 등급의 차이를 만드는 요인을 연구한 결과, 평가 등급의 62퍼센트는 평가자의 개인 특성이나 오류에서 비롯되었으며, 실제 업무 성과는 21퍼센트밖에 반영되지 않았다고 한다. 이들은 "평가는 평가 대상자의 성과를 측정한다고 가정하지만, 대부분은 평가자의 고유한 평가 경향에 좌우된다. 따라서 평가 등급은 평가 대상자보다 평가자에 의해 더 많이 영향을 받는데, 이걸 '평가자 효과'라고 부른다."라고 정리했다.[58]

좋은 평가는 주관성의 공유에서 가능하다

평가는 객관적이고 투명해야 한다. 평가의 기준, 방법, 과정, 결과에 이르는 모든 면이 그래야 한다. 이 중 어느 하나라도 분명하지 않으면 평가에 대한 불만과 불신이 남을 수밖에 없다. 그래서 평가의 객관성과 투명성을 높이기 위해 수많은 전문가와 HR 담당자들이 많은 노력을 기울여 왔다. 평가자의 주관성을 가급적 배제하면 평가로 인한 혼란, 불만, 불신 같은 문제들이 모두 해결될 것이라고 기대한 것이다. 평가 자료를 수치화하고 계량화하는 노력이 가장 전형적인 사례다. 이런 노력은 평가의 객관성을 높이는 데 기여했지만, 그로 인해 발생한 부작용도 결코 가볍지 않다.

우리가 하는 모든 업무를 전부 수치화하고 계량화할 수 있을까? 그렇지 않다. 한편에는 생산량이나 판매량처럼 구체적이며 정의하기 쉽고 명시적으로 측정 가능한 요소들이 있다. 하지만 다른 한편에는 혁신안, 동료애, 기발한 아이디어처럼 정의하기 어렵고 측정하기도 어려운 요소들이 많이 존재한다. 이러다 보니 수치화·계량화가 가능한 항목의 중요성은 부각된 반면, 수치화·계량화가 어려운 항목은 중요한데도 불구하고 관심 밖으로 밀려나고 만다. 우리가 조직 내에서 하는 활동을 모두 수치로 환산할 수도 없고, 수치로 환산하게 되면 오히려 직원들의 동기를 사라지게 만들기도 한다. 수치화·계량화를 한 결과 흥미, 성취감, 일의 의미 같은 동기가 사라지면 결국 남는 건 보상, 즉 돈밖에 없다.

2021년 말 모 대기업이 인사 평가 제도 개편을 검토하고 있다는 보도가 있었다.[59] 그중 우리 연구소의 눈길을 끈 대목은 개인의 성과 평가를 절대평가로 바꾼다는 것과 동료 평가 제도를 도입한다는 것이었다. 점수별 비율을 A는 20퍼센트, B는 50퍼센트, C는 30퍼센트와 같이 기준을 정해두는 기계적인 상대평가로 인해서 절대적인 수준에서 볼 때는 A를 받을 수 있는 사람인데 다른 여건에 의해 B를 받거나, 다른 팀이었더라면 B를 받기도 힘든 사람이 A를 받는 상황적 오류를 줄이려는 것이다. 또한 이해관계가 얽혀 있는 직속 관계뿐만 아니라 동료들의 시각도 인사평가에 반영하겠다고 밝혔다.

이럴 경우 흔히 평가를 담당하는 부서는 성공적인 개편을 위해 '어떻게 객관성을 확보할지'에 초점을 두기 쉬운데, 심리학자 입장에서는 '어떻게 주관성을 공유할지' 또한 공들여 준비하라고 권하고 싶다. 모든 평가는 근본적으로 평가자와 평가 대상자의 주관성이 반영될 수밖에 없기 때문이다. 평가 기준에 대한 해석도 서로 다르고, 평가 과정에서도 동일한 사안을 각자의 주관성에 따라 다르게 판단한다. 평가 결과도 마찬가지다. 각자의 입장에 따라 만족과 불만족으로 나뉜다. 결국 평가란 평가 결과에 대해 서로가 인정하게 되는 객관성을 획득하기 위해 각자의 주관성을 공유해가는 끝없는 과정이다.

보상 뒤의 성장까지 내다보는 리더

주관성을 공유하기 위해서는 다음과 같은 준비가 필요하다.

첫째, 대부분의 리더는 경영에 대해서는 많이 배웠지만, 인간의 마음이 작동하는 방식에 대해서는 별로 배워본 적이 없다. 특히 한국 기업의 리더들은 사람에 대한 판단과 의사 결정에 있어 HR 부문이나 경영자로부터 통보받는 경우가 많았지 자기 주관으로 판단한 경험이 많지 않다. 그래서 고위직으로 갈수록 사람을 보는 안목 문제로 어려움을 겪는다. 이제는 사람을 제대로 평가하는 방법, 인간의 마음이 작동하는 방식에 대해서도 공부해야 한다.

둘째, 평가를 하기 위해서는 구성원의 심리에 대한 이해가 필요하다. 인사 평가는 리더만의 문제가 아니라 구성원의 심리적 대응도 중요한 축이기 때문이다. 인간은 누구나 자기중심적이고 사람들은 자신에 관대하다. 자신의 일이 가장 중요하고, 자신은 다른 사람들보다 더 열심히 일하며, 자신의 성과가 가장 높다고 생각한다. 그래서 자신은 우수한 점수와 높은 등급을 받고 상대적으로 많은 보상을 받아야 한다고 생각한다. 실제보다 자신의 기여도와 가치를 더 높게 평가하는 것인데, 심리학에서는 이것을 자기고양편향 self serving bias 이라고 한다. 대다수의 사람이 그러다 보니 평가 결과, 특히 상대평가 제도하에서의 평가 등급은 자신의 기대보다 낮을 가능성이 훨씬 크다. 평가 등급이 자신의 생각보다 낮으니 불만이 생길 수밖에 없는데, 직속 상사가 평가 기준과 결과에 대해 자세히 설명해주면 좋으련만 그런 경우가 그리 많지 않다. 또 한국이 후진국일 때 태어나 성장한 리더와 달리 선진국이 된 한국에서 태어나 살고 있는 세대는 혼나고 반성하는 것보다 칭찬받고 자존(自尊)하는 데 훨씬 익숙하다. 따라서 이전 세대보다 평가 자체를 더 불편하게 느낄 가능성, 낮은 평가에 대해서는 더 격렬히 불편함을 호소할 가능성이 높다. 특히 공부 잘하고 똑똑하다는 인정을 받아온 사람일수록 더욱더 그렇다.

셋째, 특히 절대평가를 운영하려면 리더의 준비가 필요하다. 왜냐하면 인간의 뇌는 차이와 변화에 민감하도록 진화해왔고, 그래서 일상에서도 절대평가보다는 상대평가를 훨씬 빈번하고 익숙하게 사용하기 때문이다. '키가 크다'거나 '일을 잘한다'는 기준은 뭘까? 전부 상대적이다. 그동안 리더들은 부서 내에서 비슷한 경력의 직원들을 비교해서 평가했다. 그런데 절대평가에서는 무엇을 기준으로 삼아야 할지의 문제가 생긴다. 그래서 왜 평가하는지, 즉 평가의 목적을 잊지 않는 것이 중요하다. 평가는 보상, 승진, 이동과 같은 대부분의 인사 결정에 중심적인 역할을 한다. 성과에 따른 차별적 보상이 중요하고, 성과가 좋은 직원을 빨리 승진시키는 것도 중요하다. 하지만 평가의 진정한 목적은 구성원의 성장 그리고 지속가능한 조직의 성장 및 성과 창출이다. 성장과 성과 창출 이외의 다른 목적은 본질이 아니다.

넷째, 리더의 겸손함과 부지런함이 필요하다. 절대평가를 사용하는 마이크로소프트나 애플, GE 등은 연간 평가를 분기별 평가로 전환하고 일대일로 이루어지는 개별적 커뮤니케이션을 강조하며 구성원들에게 배려와 존중을 보이려 한다. 또한 평가 과정에서도 줄 세우기식 평가가 아니라 업무의 우선순위를 결정하고, 지원 사항을 파악하는 등 육성 및 지원의 관점을 평가에 도입했다. 공정성을 중시하는 최근 한국의 직장인들은 자신이 얼마를 받는가뿐만 아니라 그 결정 과정과 절차가 공정했는가, 리더가 자신을 존중하고 정보를 충분히 제공했는가도 따진다. 그래서 구성원에 대한 개별적인 관심이 더욱 중요해졌다. 직원들이 보기에 상사가 자신에게 관심을 가지고 커뮤니케이션을 한다고 생각할 때, 평가가 공정하다는 인식도 훨씬 높아지기 때문이다.

이러한 노력에도 불구하고 자기 입장만 고집하는 직원도 있을 것이다. 이에 대해서는 함께 일하는 동료들이 더 잘 알고 있다. 동료 평가는 리더의 주관성을 보완해주는 또 다른 주관적 정보이다. 이래저래 리더들이 할 일이 참 많아졌다.

7

약점은 강점이
되지 않는다

자기 약점을 자신의 한계라고
인정하는 순간 놀랍게도
타인의 강점이 빛나 보인다.

유희관이란 야구 선수가 있었다. 지금은 은퇴하고 야구 해설자로 활동 중인데, 한국 프로야구 역사상 가장 볼이 느린 투수(직구 평균 구속은 시속 128킬로미터)로 알려져 있다. 그런데 이 구속으로 8년 연속 10승, 통산 101승을 거뒀고, 매년 꾸준히 많은 이닝을 소화했으며, 2017년 시즌에는 국내 투수 중 가장 높은 연봉 5억 원을 받았다. 유희관은 투수로서 가장 큰 약점인 느린 구속을 무리하게 올리는 대신 자신의 장점인 좋은 제구력을 살리는 데 더 집중했다. 그 결과 볼넷이 별로 없고 타자와의 수싸움에서 우위를 점하고 타이밍을 뺏는 데 능했다. 그를 두고 김성근 감독은 "공은 느리지만 머리 회전은 누구보다 빠른 선수"라고 칭했고, 그는 느린 구속으로도 독보적인 차별성을 구축했다. 만약 유희관 선수가 강점 활용이 아닌 약점 보완에 집중했다면 시속 130킬로미터 언저리의 구속으로 100승 이상을 거두기는 불가능했을 것이다.

약점은 사라지지 않는다

　우리는 현실에서 강점 활용보다 약점 보완에 더 신경 쓰고 집중하는 경향이 있다. 2001년 갤럽 조사에서 "강점을 토대로 일하는 것과 약점을 고치는 것 중 성공에 도움이 되는 것은 어떤 것일까?"라는 질문에 미국 사람들은 강점 활용이 41퍼센트, 약점 보완이 59퍼센트 나왔고, 일본과 중국 사람들은 이보다 압도적으로 높은 76퍼센트가 약점 보완이라고 응답했다.[60] 같은 동아시아 문화권에 있는 우리도 약점 보완이라고 응답할 확률이 더 높을 것으로 추정된다. 이렇게 많은 사람이 약점 보완에 손을 들어준 이유는 인간의 가장 큰 성장 가능성은 자신이 가진 최대 약점에 있다고 믿기 때문일 것이다. 그 약점만 보완된다면 자신이 완벽한 인간이 될 것이라고들 생각한다. 리더십 교육에서 만난 대부분의 리더는 자신이 하는 새해 결심의 80퍼센트에 달하는 항목이 매년 비슷한데, 대부분 약점을 고치려는 시도였다고들 말한다. 기업 코칭이나 교육 장면에서 자기 개발 계획을 세울 때 가장 첫째로 꼽는 항목이 약점 보완이다. 이렇듯 우리는 강점보다는 약점에 집착하는 인식과 패턴에 익숙하다.

강점과 약점은 동전의 양면과 같다

심리학자 입장에서 보면 약점을 완벽하게 보완하려는 시도는 무모한 도전일 가능성이 높다. 특히나 자신의 약점을 개발하여 강점으로 만들겠다는 발상은 나무에서 물고기를 구하는 연목구어緣木求魚의 상황과 다를 바 없어 보인다. 인간의 변화 가능성을 믿는다 하더라도 약점을 강점으로 바꾸려는 시도를 지속하는 것은 엄청난 신체적, 감정적, 인지적 에너지 소비와 낭비를 초래할 뿐이다. 그리고 더 중요한 것은 약점을 보완하거나 개발한다고 해도, 그것이 강점이 되지는 못한다는 점이다. 왜냐하면 강점과 약점은 동전의 양면처럼 맞물려 있기 때문이다. 예를 들어, '자상하다'라는 강점을 가진 사람들이 '쫀쫀하고 잘 삐진다'라는 약점을 지녔다고 평가받는 경우가 있다. 왜 그럴까? 자상하다는 건 다른 사람들은 미처 눈치채지 못하고 넘어가는 부분에 대해서도 섬세하게 알아챈다는 뜻이다. 하지만 그것이 긍정적인 맥락에서는 자상함이지만, 부정적으로 작용하면 남들은 대수롭지 않게 넘어갈 수 있는 일에 대해서조차 다 신경을 쓰고 상처받고 반응한다는 의미다. 그래서 자상하면서도 삐지지 않는 사람은 거의 없다. 이러한 점을 볼 때 강점은 집중하여 계속 활용하고 약점은 문제가 되지 않을 정도로 관리하는 것이 현명하다. 약점을 관리한다는 말의 의미는 약점이 남아 있다고 하더라도 더 이상 자신의 발목을 잡지 못하게 하라는 의미이다. 약점은 쉽사리 고쳐지지 않는다. 우리의 DNA가 반영된 약점은 떼어낼 수 없는 우리의 일부이기 때문이다. 성공하고 싶다면 자신의 약점을 보완하고 개발하려 할 것이 아니라, 강점을 활용하고 더 갈고 다듬는 데 집중해야 한다.

약점이 강점이 되기 힘든 또 하나의 이유가 있다. 우리가 새로운 것을 학습하거나 변화를 만들려고 할 때 우리의 성장 과정은 다음과 같은 네 가지 단계를 밟는다.

맨 처음에는 무의식·무능력 단계이다. 운전을 예로 들면 자동차를 운전할 필요성도 못 느끼고 운전 경험도 없는 상태이다. 두 번째는 의식·무능력 단계이다. 운전 필요성은 생겨났지만, 운전 경험은 없는 상태이다. 세 번째가 의식·능력 상태이다. 운전 필요성도 충분하고 면허증을 취득한 초보 운전자로 볼 수 있겠다. 이 수준에서는 진땀 나는 경험을 많이 하게 되며, 모든 것을 의식하면서 운전을 해야 한다. 그러니 운전하고 나면 온몸이 파김치가 되고 만다.

마지막으로 가장 높은 단계는 무의식·능력 단계이다. 언제 어디서나 자연스럽게 운전하는 수준이다. 공부든 일이든 스포츠든 예술이든 모든 분야에서 가장 최고의 경지는 바로 이 무의식·능력의 단계에서 발휘된다. 이 무의식·능력은 자신의 장점과 결합했을 때 비로소 자연스럽게 나오게 된다.

비유하자면 사투리를 쓰는 사람이 자신이 표준어를 써야겠다고 의식하고 얘기하는 순간 자연스러운 커뮤니케이션을 할 수 있을까? 이처럼 약점 보완은 무의식 능력 수준에서 이뤄지는 것이 아니다. 약점을 보완하려고 하면 본능적으로 의식이 개입하기 때문에 수행 과정에서 보이지 않는 과속방지턱이 작동하는 셈이다. 의식하는 순간 사고와 근육이 경직되고 부자연스러워지며, 약간의 간섭만 받아도 바로 퇴보된 수행을 보이게 된다. 우리가 특정 상황에서 당황하고 위축된 모습을 보이는 이유는 그 상황이 낯설고 급박하기 때문인 경우도 있지만, 대부분은 자신의 약점이 노출된 경우일 가능성이 높다.

인간은 자신의 강점으로만 최대한의 수행을 발휘할 수 있다. 강점에 기반하여 충분한 연습이 뒤따른 것에만 무의식·능력 단계 수준의 수행이 가능하다.

타인의 강점으로 나의 약점을 보완한다

그렇다면 약점에 대해서는 무엇을 할 것인가? 첫째, 본인이 무엇을 잘 못하는지, 어디가 약점인지 정확히 알고 있어야 한다. 영화 「대부」의 명대사 "친구는 가까이, 적은 더 가까이 두어라. Keep your friends close, but your enemies closer."라는 말에 빗대면 강점은 가까이, 약점은 더 가까이 두어야 한다. 자신의 약점을 모르고 있다가는 곤경에 빠지거나 큰 실패를 불러올 수 있기 때문이다. 그리고 그 약한 지점을 자신의 모습이라고 인정해야 한다. 그러려면 용기와 자신감이 필요하다.

둘째, 자신의 약점을 평균 수준까지 끌어올리려는 시도가 필요하다. 학창 시절을 떠올려보면, 40점을 60점까지 끌어 올리는 것은 80점을 90점으로 바꾸는 것보다 훨씬 쉽다. 평균 수준으로 약점을 끌어 올려야 하는 이유는 너무 치명적인 약점이 계속될

약점은 강점이
되지 않는다

경우, 내가 가진 강점까지도 평가절하될 수 있기 때문이다.

셋째, 역발상적인 사고로 약점을 보완하려는 시도나 노력을 접고, 앞서 말했듯이 철저하게 강점으로 승부해야 한다. 약점을 자신의 강점으로 바꾸기란 현실적으로 거의 불가능하기 때문에 내가 가진 강점이 더 뛰어날 수 있도록 꾸준히 연마하는 것이 훨씬 효과적이다. 자신의 가장 뛰어난 강점으로 약점을 무력화시키는 것이야말로 본인의 차별성을 극대화할 수 있는 전략이기 때문이다.

넷째, 그래도 자신의 약점이 계속 마음에 걸린다면 그 문제는 내가 아닌 남을 통해 보완하는 것이 정답이다. 내가 가진 약점을 오히려 강점으로 가지고 있는 사람이 주변에 있을 것이다. 그 사람을 찾아야 한다. 그리고 함께 일하면서 서로 도와야 한다. 우리가 다양성을 소중하고 가치 있게 여겨야 하는 이유가 여기에 있다. 지금까지는 나와 반대인 특성을 가진 사람이 왠지 불편하게 느껴졌을 수도 있다. 하지만 내가 성공하기 위한 핵심은 나와 정말 다른 사람과 함께 일하며 서로를 통해 배우고 부족한 점을 보완하는 것이다. 이렇게 자신의 약점을 인정하고 타인을 통해 이를 보완하게 되면 겸손이란 지혜를 얻게 된다. 그리고 차이점을 존중하고 감사하게 여기며 나와 다른 사람에게 열린 마음으로 다가갈 수 있게 된다.

이러한 관점은 리더의 대인지각에도 영향을 준다. 사람들은 자기와 다른 스타일의 사람을 만날 때 자신의 강점으로 타인의 약점을 보고, 자신의 약점으로 타인의 강점을 본다. 이 결과 타인의 약점은 자신의 강점에 비추어 보기 때문에 실제보다 훨씬 더 부족해 보이고, 자신의 약점에 비추어 본 타인의 강점은 그다지 쓸모없거나 중요하지 않은 능력으로 평가절하한다. 이중 처벌이 이루어지는 상황이다. 그러나 앞서 언급한 대로 자신의 약점을 쉽게 고치거나 개발되기 어려운 자신의 한계로 인정한다면, 놀랍게도 그 시점부터 타인이 가진 강점의 가치를 제대로 볼 수 있는 눈이 뜨인다. 그리고 자신의 약한 부분을 타인을 통해 보완받게 되면 타인에 대해 열린 마음으로 다가갈 수 있게 된다. 이런 관점의 전환이 뒤따를 때 우리는 진정으로 사람들의 다양성과 차이점을 존중하고 감사하게 여길 수 있다. 지금 당신은 자신과 타인들의 강점을 보고 있는가?

약점은 강점이
되지 않는다

8

조직문화는
수치가 아니라
믿음의 문제다

**열정적으로 일할 때
공유되는 방식이 있다면
그게 바로 문화이다.**

에어비앤비 CEO 브라이언 체스키^{Brian Chesky}

"윗분들은 항상 '혁신하라, 도전하라, 창의적으로 시도하라'라고 강조하시죠. 그런데 막상 새로운 것을 들고 가면 전혀 다른 말씀을 하세요. 유사 사례를 확인하라거나, 해본 적이 없어서 안 된다고 말이죠. 그러니까 우리 회사는 직원이 더 잘해보겠다고 리스크를 안고 도전할 필요가 없어요. 그러다 문제가 생기면 본인만 다치거든요. 정작 직원들이 느끼는 우리 회사의 규칙은 '긁어 부스럼 만들지 말라' 같아요." (A 팀원)

기업의 5년 뒤를 내다보게 하는 조직문화

경영 현장에서 조직문화에 대한 관심과 중요성이 점점 강조되고 있다. 그래서 "조직문화가 중요하다", "건강한 조직문화를 구축해야 한다", "조직문화를 바꿔야 한다"라는 말들도 자주 들린다. 여러 연구와 언론 기사에서도 조직문화야말로 경쟁력의 원천이라고 외치고, 구글이나 애플 같은 선진 기업의 조직문화를 배워야 한다고 제안한다. 이런 흐름과 관련하여 주요 기업들은 미션과 비전, 경영 원칙과 핵심가치 등등을 정립하고 이를 구성원들에게 전파하는 행사와 교육을 실시하고 있다. 또 일부 기업들은 CEO의 성공 방식이나 경영 철학을 강조하며 CEO가 희망하는 모습을 조직문화로 제시한다. 그런데 조직문화 혁신을 위한 이런 다양한 투자와 시도들이 실제 현장에서 제대로 작동하지 않는 경우가 많다. 왜 그럴까?

조직문화는 수치가 아니라
믿음의 문제다

훌륭한 회사와 평범한 회사를 구분 짓는 것은 제품이나 서비스, 브랜드나 시장 지위뿐만이 아니다. 조직문화 역시 회사의 성패를 가른다. 특히 회사가 저성장기에 접어들었을 때에는 더욱 그렇다. 조직이 성장을 거듭하는 시기에는 성과에 따른 보상이 모든 것을 압도하기에 문화는 어쨌든 부차적인 것으로 여겨질 수 있다. 그러나 저성장기에는 위기 상황 대처, 긴급한 현안 해결, 구성원의 결속이 더 중요하고 필요해진다. 그런데 이러한 대응은 조직문화가 건강하게 구축된 상황에서 더 잘 발휘된다. 우리의 사고와 행동, 판단 기준으로 작동하는 문화는 무의식 속에 잠재되어 있다가 결정적인 순간에 강력한 에너지로 작동한다. 구성원 사이에 암묵적으로 공유된 문화에 따라 회사가 새로운 영역으로 나아가려는 시도가 성공 여부를 가를 수 있을 정도다.

리더는 문화를 이해함으로써 성공이나 실패의 원인을 좀 더 정확히 파악할 수 있다. 기업 내 문화를 정확히 이해하면 조직문화가 조직의 목표 성취나 생존에 미치는 영향력을 정확히 이해하게 되고, 이를 바탕으로 현실의 문제를 개선하거나 새로운 미래의 방향성을 준비할 수 있다.

따라서 조직 발전을 위한 가장 큰 기회는 문화의 발견과 개발에 있다. 네덜란드의 사회심리학자 헤이르트 홉스테드^{Geert Hofstede}가 말했듯이 조직문화는 "기업의 향후 5년 뒤 재정적 자산을 예측하는 데 쓸 수 있는 유용한 심리적 자산"[61]이기 때문이다.

조직문화는 구호나 수치가 아니다

많은 기업에서 강조하는 조직문화는 창업자나 경영진의 관점에서 제시된 경우가 대부분이다. 경영진이 추구하는 가치나 성공 경험에 기반한 지향점을 제시하면 구성원들에게 그대로 전달되고 수용될 것이라고 전제하고 있다. 그래서 도전, 창의, 열정, 소통, 변화, 혁신이라는 단어를 넣어서 가치나 구호를 만들고 교육하면 새로운 문화가 만들어지고 기업의 경쟁력이 생겨날 것이라고 기대한다.

하지만 이렇게 제시된 조직문화는 정작 그 안에서 일하고 있는 구성원들의 생각이나 행동을 반영하지 못하는 경우가 많다. 심지어 현재 구성원들이 품고 있는 암묵적인 믿음이나 행동과 완전히 상반된, 이상적이고 멋진 구호로만 제시되는 경우도 흔하다. 이런 까닭에 '그렇게 되어야 한다고 강조'하는 조직문화 구호는 실제 구성원들의 사고와 행동을 지배하는 암묵적 믿음과 차이가 발생하고, 결국 경영진의 기대나 강조와는 다른 결과를 낳게 된다.

왜냐하면 조직문화는 회사가 표방하는 구호나 이념보다 구성원들이 무엇을 경험하고 믿느냐에 의해 결정되기 때문이다.

즉 구성원들은 조직에서 누가 승진하고, 누가 연봉을 더 받으며, 누가 어떤 책임을 지는지를 보면서 문화를 체득한다. 그리고 어떤 문화를 한번 받아들이고 나면 그 문화에 맞춰 생활한다. 문화의 본질은 구성원들이 일상적인 경험을 통해 공유한 암묵적 믿음(무의식적 신념·인식·사고·감정)이다. 그리고 이러한 암묵적 믿음이 회사의 성공과 실패에 영향을 미치는 중요한 요소로 작동한다. 하지만 조직 내부 사람들조차 자신들의 일상적인 행동을 좌우하는 암묵적 믿음이 무엇인지, 그 믿음을 만들어낸 요인이 무엇인지 정확히 설명하지 못한다.

이러다 보니 조직문화를 측정하고, 분석하고, 해석하는 일도 혼란스럽다. 많은 기업에서 조직문화를 이해하기 위해 회사의 제도, 급여, 복지, 소통, 운영 시스템, 관리자 리더십 등에 대한 설문조사를 정기적으로 실시한다. 하지만 대부분은 진단 문항을 하나하나 분리해 분석하거나 몇 개의 문항을 범주로 묶어 '높다, 낮다' 또는 '긍정, 부정' 정도의 일반적인 특징만 확인하거나 비교 분석하는 데 그치고 있다. 실제로 문화는 개별 진단 문항 자체(텍스트)가 아닌 문항들 사이의 유기적인 조합 속, 문항의 이면(콘텍스트)에 존재하는 것인데도 말이다.

또한 글로벌 거대 기업에서 사용하는 진단 문항을 그대로 사용하는 사례도 빈번하다. 아무리 좋은 진단 문항도 자사의 상황과 맥락에 부합하는지 면밀한 검토 없이 사용하게 되면 정작 필요한 정보는 얻지 못하게 되는데 말이다. 그래서 훌륭하다는 여러 검사를 실시하고도 단순히 점수순으로 서열화해 부서 간의 비교 평가 도구로만 활용하는 부작용이 발생한다. 그 결과 점수가 전체 평균보다 낮게 나온 부서는 왜 그런 점수가 나왔는지 면밀한 분석이나 구체적 대안 없이 개선 압력을 받게 된다. 나중에는 이런 일들이 무용해 보이고 귀찮아서 솔직하게 응답하지 않겠다는 구성원들의 반응이 나오기도 한다.

구성원들은 회사의 조직문화를 객관적이고 합리적인 방식으로 점수를 매겨 90점 혹은 60점이라는 식으로 인식하지 않는다. 조직문화는 이성의 문제가 아니라 조직을 바라보는 믿음, 즉 태도와 감정의 문제다. 그동안 우리 연구소가 수행한 여러 조직문화 조사 결과를 보면 자기 조직을 바라보는 구성원들의 인식은 동아리 조직, 꿈의 조직, 성장 조직, 정체 조직, 용병 조직, 포장(쇼윈도) 조직 등 다양한 형태로 드러났다. 그리고 이러한 인식과 그 기저에 있는 감정은 조직의 모든 제도와 프로세스, 대인관계를 해석하는 필터로 작동할 뿐만 아니라 어떤 행동을 할지 결정하는 기준이 된다. 문화는 단지 조직문화 진단 점수의 높고 낮은 수치로 알 수 있는 것이 아니라 조직에 대한 구성원들의 다양한 인식을 기준으로 한다는 것을 이해해야만 한다. 이러한 다양

조직문화는 수치가 아니라
믿음의 문제다

한 인식을 확인하기 위해서라도 조직문화를 진단할 때는 조직을 바라보는 개인들의 다양한 감정, 즉 주관성을 포착할 수 있어야 한다.

리더의 작은 실천은 거창한 선언보다 효과적이다

많은 조직에서 조직문화의 변화를 꾀할 때 제도 개선 등 외형적인 부분에만 초점을 맞추곤 한다. 비전의 선포 및 공유, 회의 시간 및 횟수 단축, 보고서 간소화 및 빠른 결재, 커뮤니케이션 활성화, 글로벌 마인드 확산, 격식(복장, 호칭, 출퇴근 시간 등) 파괴, 일과 삶의 균형, 휴가 제도 확대 같은 것들이 대표적이다. 물론 이러한 선언도 필요하고, 제도 변화도 중요하다. 그러나 조직문화 개선의 효과성을 높이려면 여러 가지 다양한 과제를 동시다발적으로 시도하기보다는 작더라도 사람들이 가장 가시적으로 느낄 수 있는 분야에서부터 변화를 시도하는 편이 효과적이다.

남성 직원의 비중이 월등히 높고, 남성 중심의 조직문화를 가진 어느 공기업에서는 두 개 층에 하나밖에 없던 여성 화장실의 숫자를 늘리고, 환경을 개선해주는 것으로 조직문화 개선에 대한 경영진의 의지를 보여줬다. 또 어느 대기업 CEO는 간단한 사안은 비서실을 통하지 않고 부장급 직원들에게도 직접 문자나 카카오톡 메시지로 지시하고 보고받기 시작했는데, 시간이 지나고 케이스가 쌓이면서 이제는 어느 누구도 이런 상황을 어색해하거나 꺼리지 않게 되었다. 또 복장 자율화를 선언한 어느 대기업의 한 임원은 드레스코드를 해치지 않는 범위에서 누구보다도 편하게 옷을 입고 다닌다. 자기가 먼저 그렇게 입어야 직원들도 편하게 입을 수 있기 때문이란다. 공정, 평등, 자율, 수평적 소통 같은 멋진 선언도 좋지만, 리더의 작은 실천은 거창한 선언보다 훨씬 더 효과적이다. 그래서 임원이나 팀장의 경우에는 회사 전체의 관점에서 구호를 고민하기보다는 각 부서 조직의 문화, 혹은 자신이 맡고 있는 조직의 문화로 좀 더 세분화해서 구성원들의 마음을 먼저 살펴보아야 한다.

조직문화의 변화는 어느 순간 완성되는 결과가 아닌 꾸준히 만들어가는 과정이므로 작은 변화부터 시도하고, 변화의 성공 기준을 낮추어 작은 성공과 발전을 맛보는 것이 중요하다. 그리고 필요하면 중간 목표를 설정하여 변화를 추진하는 부담을 줄이고 자신감도 쌓는 것이 효과적이다. 그러고 나서 일어난 변화를 어떻게 체계화하고 조직적으로 구조화할지 고민해야 한다. 지속적이고 안정적으로 변화와 관련된 활동을 이어나가고 결과를 쌓아가려면 한 번의 이벤트가 아닌 지속적인 지속 가능한 프로세스로 접근해야 하기 때문이다.

조직문화는 기업의 경쟁우위를 튼튼히 하고 생산성을 높이기 위한 중요한 전략적 도구이다. 점점 하드파워뿐만 아니라 소프트파워를 고려해야만 하는 시대가 되고 있다. 기업이란 화려한 건물, 시스템과 조직체계 또는 중장기 계획 같은 것보다도 인간으로 이루어지는 구성체란 것을 잊지 않아야 한다. 조직문화란 경영진의 목표나 조직의 위계표에 있는 것이 아니라 구성원들의 마음속에 있는 것이기 때문이다.

9

피드백은 모두를
성장시킨다

**피드백을 받지 못한 직원은
무능해지고
피드백을 하지 않는 리더는
독재자가 된다.**

경영학자 로버트 캐플런Robert S. Kaplan

"업무를 주도적으로 하지도 못하고, 제대로 된 결과물을
만들어오지도 못합니다." (A 상무)

"기본적인 실수가 너무 많고, 번번히 기한도 못 지켜요." (B 팀장)

"잘못된 점이나 부족한 점을 지적하면 꼰대라고 비난하고,
게시판에 실명을 들먹이니까… 피드백을 주는 게 부담이 되죠."
(C 팀장)

비즈니스 환경이 갈수록 복잡하고 불확실해지고 있다. 지속되는 저성장 기조에 시장 경쟁도 심화되고 있다. 이 과정에서 기업이 할 일은 많아졌는데 인력 운영은 더 타이트해졌다. 그렇다고 과거처럼 야근이나 주말 근무 같은 건 꿈도 꿀 수 없는 상황이다. 이제는 정말 일을 효율적으로 처리해야 하고 그만큼 개개인의 역량이 더 중요해졌다. 상황이 이렇다 보니 리더에게는 핵심인재 관리도 중요하지만, 성과가 떨어지는 팀원에 대한 관리 또한 중요한 과제가 되고 있다.

성과가 안 나는 팀원은 어떻게 해야 할까?

리더에게 어떤 사람이 저성과자인지를 물어보면 일 못하는 사람, 매사에 부정적인 사람, 실수를 반복하는 사람, 자기 관리가 안되는 사람, 배우겠다는 의지가 없는 사람, 팀워크를 방해하는

사람 등 다양한 응답이 나온다.

성과는 능력, 기술, 동기, 성격, 환경 등 다양한 요인에 의해 결정되는데, 연구자들은 특히 능력^{competency}과 동기^{motivation}를 가장 대표적인 요인으로 꼽는다. 성과를 내기 위해서는 직무 수행에 필요한 능력뿐만 아니라 그 일을 잘 해내겠다는 동기와 태도도 필요한 것이다.

성과 = 능력 × 동기/태도

이런 관점에서 본다면, 성과가 떨어지는 팀원 문제를 해결하기 위해 리더가 해야 할 일은 비교적 분명하다. 만약 능력이 부족하다면 직무에 대한 지식이나 경험을 쌓을 수 있도록 학습 기회를 제공하고 지속적으로 코칭하는 것이 효과적이다. 하지만 동기나 태도의 문제라면 업무의 목표나 가치에 대해 충분히 설명하고 자율성을 부여해서 성취감을 느끼는 긍정적인 경험을 하도록 지원해주는 것이 우선이다.

문제가 없다고 생각하는 팀원과 문제가 있다고 생각하는 리더

사실 심리학자 입장에서 볼 때 앞선 두 가지 요인인 능력과 동기보다 더 근본적인 문제가 있는데, 바로 리더와 팀원 간의 성과

피드백은 모두를
성장시킨다

에 대한 인식 차이다. 팀원은 자신은 잘하고 있고 결과에도 문제가 없다고 생각하는 반면, 리더가 보기에는 팀원의 문제 해결 과정이나 결과에 문제가 있는 경우가 많다고 생각한다. 그리고 이러한 인식 차이는 성과가 떨어지는 팀원일수록 더욱 크게 나타난다. 능력이 없는 사람은 자신을 과대평가하는 경향이 있고, 능력이 있는 사람은 자신의 실력을 오히려 과소평가하는 경향이 있다는 인지 편향 때문에 이러한 인식의 불일치 문제는 종종 발생한다.

또한 능력의 높고 낮음을 떠나 대부분의 사람들은 자신을 실제보다 높게 평가하는 경향이 있다. 즉 자신이 초래한 긍정적인 결과에 대해서는 과대평가하는 반면, 부정적인 결과에 대해서는 과소평가하는 경향이 있다. 따라서 이런 상황에서 리더는 먼저 팀원이 자신의 문제점을 정확하게 인식할 수 있도록 도와야 한다. 이를 위해 리더가 해야 할 중요한 역할은 적절한 피드백이다.

모든 사람, 특히 성과가 떨어지는 팀원일수록 자신의 능력과 수행 수준을 정확히 인식할 수 있도록 적절한 피드백이 필요하다. 피드백을 통해 구성원 스스로 "내가 이 업무를 어떻게 수행했나?", "앞으로 어떻게 하면 더 잘할 수 있을까?" 생각해볼 수 있게 된다. 이런 반성과 성찰의 기회를 갖고 업무 능력을 높일 수 있도록 리더가 팀원을 도와주는 방법이 피드백이다. 성공했으면 성공한 이유를, 실패했으면 실패한 이유를 알아야 성공을 복제할 수 있고, 실패를 반복하지 않을 수 있다. 피터 드러커는 "역사상 알려진 유일하고도 확실한 학습 방법은 피드백이다."[62]라고 했고, 하버드 경영대학원 로버트 S. 캐플런Robert S. Kaplan 교수는 "피드백을 못 받으면 직원은 무능해지고 리더는 독재자가 된다."[63]고 말했다. 피드백은 어떤 학습 방법보다 효과적이다.

피드백은 명확하게, 짧게라도 자주

2023년 4월 구인 구직 사이트 잡코리아와 알바몬이 MZ 세대 직장인 1,114명을 대상으로 '선호하는 직장 상사 및 기업 문화'를 주제로 조사를 시행한 결과, MZ 세대 직장인이 꼽은 이상적인 상사 유형 1위는 '피드백이 명확한 상사(42퍼센트)'였다. 회사보다는 '나 자신의 성장'에 더 집중하는 경향이 있는 이들 세대에게 당연한 선택처럼 보이기도 한다. 이에 비해 많은 리더가 피드백을 직원의 잘못을 지적하고 교정시키는 의미로 오해하고 있고, 그 결과 직원들로부터 반감을 살지도 모른다는 우려 때문에 리더의 43퍼센트가 피드백을 제대로 못 한다는 조사 결과도 있다. 결론부터 제시하자면 피드백은 과거의 성과를 평가하거나 심사하는 것이 아니다.

효과적인 피드백을 위해서는 첫째, 피드백은 직원의 개선점, 발전 가능성 등에 대한 미래지향적인 조언이라는 점을 분명히 해야 한다. 그 직원이 무엇을 잘했고, 무엇을 개선해야 하며, 장점을 어떻게 발전시키고, 단점을 어떻게 보완할지에 관한 구체적인 의견을 전달하는 것이다.

둘째, 인사 평가 시기에만 면담을 통해 피드백을 하기보다는 팀원에게 수시로 피드백을 제공하는 것이 중요하다. 2만 2,719명의 직장인을 대상으로 한 연구에서 피드백을 받은 횟수가 하위 10퍼센트인 직장인의 직무 몰입도는 평균 25점에 그친 반면, 피드백을 받은 횟수가 상위 10퍼센트인 직장인의 직무 몰입도는 평균 77점이었다. 상사의 피드백을 활발하게 받은 직원의 업무 몰입도가 높았다. 즉 피드백은 짧게라도 자주 하는 게 좋다는 것이다.

셋째, 좋은 피드백을 하려면 평소에 성과와 관련된 사실이나 자료를 모으고 평가할 준비를 해야 한다. 그러려면 많은 시간을 쓰고 관심을 기울여야 한다. 이때 리더가 염두에 두어야 할 것은 피드백은 객관적인 사실만을 전달하는 것은 아니라는 점이다. 피드백은 그 사실에 대한 리더의 평가나 판단을 함께 전달하는 것이다. 모든 소통은 객관적 사실뿐만 아니라 그 사실에 대한 자신의 생각, 의견, 판단 즉 주관성을 드러내는 것이다. 피드백도 마찬가지이다. 어떤 부분이 문제가 되었는지, 특정 태도, 행동 그리고 결과에 문제가 있다고 생각하는 이유는 무엇인지 리더의 생각을 전달해야 한다.

"나는 이렇게 생각한다. 왜냐하면~"이라고 자신의 주관성과 그 이유를 전달하시라. 그리고 나서 "당신의 의견은 어떤가?" 질문해보시라. 피드백이 더 효과적이려면 자신의 입장뿐만 아니라 그 이유까지 설명해주는 것이 도움이 된다.

또 피드백에 관한 팀원의 의견을 확인하는 절차도 반드시 필요하다. 최악의 피드백은 부정적인 평가를 말해주는 피드백이 아니라 내가 객관적으로 볼 때 말이야."라며, 팀원이 자신의 생각을 설명할 기회조차 주지 않는 것이다.

마지막으로 피드백할 때 리더가 꼭 의식해야 하는 것은 '투명성 착각 illusion of transparency'이다. 투명성 착각이란 자신의 생각이나 느낌이 투명한 유리를 통과하는 것처럼 상대방에게도 동일하게 보일 것이라는 착각을 가리킨다. 즉 피드백에 대한 팀원의 생각은 확인하지도 않고 리더 자신의 생각이 정확하게 전해졌을 거라고 착각하는 것이다. 실제로 성과가 떨어지는 팀원 입장에서는 충분한 피드백을 받지 못했다고 생각하게 되고, 그 결과 그 직원은 성찰도, 변화도 이룰 수 없게 된다. 리더는 리더대로, 팀원은 팀원대로 스트레스와 불만만 증폭될 뿐이다.

이러한 리더의 노력에도 불구하고 변하지 않는 팀원도 있을 것이다. 팀원의 성과 향상을 지원하는 것이 리더의 역할이자 역량이라는 점은 분명하지만, 이들의 성과가 개선되지 않는다고 지나치게 자신을 탓할 필요는 없다. 내 자식도 내 마음대로 안 되는데, 팀원을 내 마음대로 변화시킬 수 있을 거라 기대하는 것은 너무 무리한 일 아닐까? 하지만 그 일이 팀원 자신에게 어떤 의미를 갖는지 스스로 납득한다면, 그리고 리더가 진정성을 가지고 노력하고 있다는 것을 느낀다면, 팀원은 이전보다 나은 모습을 보이려고 할 것이다. 그리고 만약 팀원이 조금이라도 나은 모습을 보인다면, 그 팀원에게는 쉽지 않았을 변화를 시도하고 있다는 점을 분명하게 인정해주시라. 변화는 작은 것에서 시작하는 법이다. 리더인 자신이 과거에 그랬던 것처럼 말이다.

10

변동 비율 조건에
적응한다

회사가 전쟁터라고?
밀어낼 때까지 그만두지 마라.
밝은 지옥이다.

윤태호, 『미생』

심리학에는 행동주의라는 관점이 있는데, 행동주의는 인간의 행동 변화에 초점을 둔다. 이 관점으로 보면 인간의 행동은 외부 자극과 반응 사이의 결과인데, 자극이 달라지면 반응도 달라질 수 있다고 전제한다. 행동주의 심리학이 우리 일상에 미친 영향은 지대하다. 학교에서의 교육과정 설계, 군대에서의 신병 훈련 방식, 매일 방송에서 접하게 되는 광고 등 헤아릴 수 없을 만큼 많은 영역에서 행동주의 심리학의 원리들이 적용된다.

행동주의 관점에서 볼 때 어떤 행동이 발생하고 유지되는 이유는 강화reinforcement가 제공되기 때문이다. 이때 강화란 행동의 결과에 따라 제공되는 보상을 의미한다. 월급, 보너스, 칭찬, 마일리지 쿠폰 등 모두 이러한 강화물인 셈이다.

행동을 바꾸는 네 가지 강화 조건

그런데 이러한 강화를 제공하는 방식에서 네 가지 경우의 수가 있다. 우선 특정한 간격에 따라 보상이 뒤따르는지 아니면 특정한 비율에 따라 제공되는지로 구분할 수 있고, 그러한 간격과 비율이 매번 고정적인지 아니면 변동하는지에 따라 구분할 수 있다.

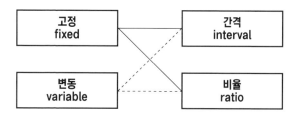

첫째, 고정 간격 강화 조건은 행동에 대한 보상을 정해진 시간 간격대로 주는 것인데, 월급, 중간·기말고사, 고정식 과속 단속기 등이 그 예이다. 이러한 강화는 완전 예측 가능하고, 안정감을 제공한다. 반면 강화물(보상)을 받은 후 휴식이 가장 길다. 월급 통장은 한 달에 한 번만 확인하면 되고, 시험을 보고 나면 다음 시험 기간까지는 놀게 되고, 과속 단속기를 지나자마자 더 이상 단속에 신경 쓰지 않는 상황인 것이다.

둘째, 변동 간격 강화 조건은 매회 보상 시간이 조금씩 바뀌지만, 평균적인 시간 간격을 유지하는 것으로, 평균을 내면 일정한 간격이 있다. 버스 정류장에서 배차 간격이 15분이라고 적혀 있지만, 15분마다 정확하게 오지 않는 상황을 떠올리면 된다. 버스가 방금 떠났는데 운 좋으면 1, 2분 내로 다음 버스가 오고, 운 나쁘면 30분 가까이 기다리는 상황을 말한다. 그래서 변동 간격 강화 조건에서는 중간 정도의 안정된 반응을 보인다.

셋째, 고정 비율 강화 조건은 시간이 아니라 횟수에 비례하여 보상을 주는 것인데, 시간급 아르바이트, 성과급제, 프리랜서 보상 체계 등이 그것이다. 한마디로 일한 만큼 보상받는 것인데, 짧은 시간 내 많은 행동을 하게 되고 강화 후 휴식이 짧다는 특징이 있다.

마지막 넷째, 변동 비율 강화 조건은 전체 평균은 유지하되 보상이 제공되는 규모나 시기는 매회 달라진다. 슬롯머신에 잭팟이 터지는 비율은 이러한 변동 비율 강화 조건에 의해 설계된다. 어떤 때는 10번만 당겨도 잭팟이 터진다. 하지만 어떤 때는 500번을 당겨도 잭팟이 터지지 않는다. 하루에 2번 터지기도 하지만, 어떤 때에는 일주일 만에 행운이 찾아온다. 몇 번이나 영업을 해야 계약을 따낼지 알 수 없는 세일즈업이 이와 비슷하다. 변동 비율 강화 조건은 보상에 대한 예측이 가장 어려워서 강화(보상) 후 휴식이 없고, 중독과 몰입의 경험을 하게 되고, 나아가 불안과 무기력을 일으킬 수도 있다. 이 변동 비율 강화 조건이 무자비하게 적용되는 세상일수록 사람들은 살기 팍팍해진다.

한국 사회에서 게임 규칙의 변화는?

네 가지 강화 조건에서 사람들은 서로 다른 행동을 하게 된다. 구직자에게 공무원과 공기업에 대한 선호가 높은 이유는 그

곳은 고정 간격 강화 조건으로 안정적이고 완전 예측 가능하기 때문이다. 입사만 하면 특별한 문제가 없는 한 정년이 보장되고, 매달 정해진 날짜에 월급이 반드시 나오는 구조인 것이다.

반대로 식당 자영업을 떠올려 보자. 대부분의 식당은 창업하고 1년 이내에 70퍼센트 이상이 문을 닫는다. 종업원에게 정해진 날짜에 월급을 못 주는 일도 발생할지 모른다. 하지만 분명히 대박 나는 식당도 존재한다. 이는 변동 비율 강화 조건이다. 이 변동 비율 조건에서는 모든 것이 불확실하기 때문에 더 열심히 움직일 수밖에 없다. 사업의 본질은 무한경쟁이기 때문이다.

프로야구에서도 1군의 주전 붙박이 선수는 고정 간격이지만, 1.5군은 변화 간격이다. 당연히 고정 간격에서 변동 비율로 갈수록 불규칙과 불안정에 대한 스트레스가 커지게 된다. 사람들이 도박에 빠지는 이유도 변동 비율 강화 조건 때문이며, 연예계의 작동 방식도 변동 비율이다. 누가 될지는 모르지만 누군가는 스타가 되기 때문에, 일단 그곳에 발을 들여 놓으면 쉽게 빠져 나오지 못하는 것이다. 기사화되곤 하는 연예인의 우울증 원인도 변동 비율에서의 삶은 늘 경계에 서 있는 불안감의 연속이기 때문이다. 계속 쉬지 않고 자전거 페달을 밟아야만 하고, 흔들리며 앞으로 나아가는 것이 변동 비율 강화 조건에서의 삶의 모습이다.

문제는 한국 사회 비즈니스 게임의 규칙이 고정 간격 강화 조건에서 변동 비율 강화 조건으로 급속도로 이동했다는 점이다. 더 이상 철밥통은 없다. 아직까지 안정적인 고정 간격 강화 조건에 해당되는 영역들도 멀지 않은 시간 안에 변동 간격이나 고정 비율의 게임으로 바뀔 것이다. 따라서 당연히 스트레스가 극심하다. 잠깐 한눈팔면 곧장 나락이다. 사전에 기본값이 보장된 게임은 점점 존재하지 않는다.

변동 비율 강화 조건에서 살아남기

그렇다면 이러한 변동 비율 조건에서 잘 살기 위해서는 어떻게 해야 할까?

첫째, 가장 기본적인 사항은 게임의 규칙을 정확히 이해하는 것이다. 내가 지금 어떤 강화 조건에서 움직이고 있는지, 그리고 앞으로 어떤 강화 조건이 적용될 것인지를 알아야 한다. 비단 공무원과 공기업이 아닐지라도 매달 정해진 급여를 받는 직장인이라면 고정 간격 강화 조건의 게임 규칙이 적용되는 것이다.

둘째, 인간의 삶에서 가장 기본적인 규칙은 변동 비율 강화 조건이다. 규칙의 원리를 알고 자연스러운 법칙으로 받아들여라. 조직을 떠나 홀로서기하는 순간부터 게임의 규칙은 가장 안정적인 고정 간격 강화에서 가장 불안정한 변동 비율 강화로 바뀌게 된다.

셋째, 준비하라. 긴장을 늦추지 말고 늘 준비하고 대비하는 삶을 살아라. 변화를 모색하기 가장 좋은 시기는 모든 것이 잘 되어 보일 때이다. 고정 간격과 달리 변동 비율의 삶은 준비 없이 대처하면 큰 대가를 치러야 한다.

넷째, 강점에 집중하라. 좋아하는 것, 잘하는 것을 찾고 강점과 재능에 집중하는 것이 훨씬 효과적이다. 단점을 보완하는 수준으로는 결코 변동 비율 강화 조건에 적응할 수 없다. 왜냐하면 세상에는 나의 약점을 강점으로 가진 경쟁자가 무한대로 존재하기 때문이다. 약점을 보완하는 수준으로 준비한 나 자신과 나의 약점을 강점으로 가진 사람과의 맞대결한 결과는 보나마나일 것이다.

마지막 다섯째, 노력하라. 설령 내가 성공의 길을 걸으며 승승장구하고 있을 때라도 끊임없이 변화를 추구하라. 영원한 현상 유지는 없기 때문이다. 늘 자신을 업그레이드하려고 노력하라. 그렇지 않으면 퇴보할 것이다.

관리와 영업, R&D 등 직무에 따른 보상 방식의 차이는 있지만 대부분의 직장인들은 고정 간격 강화 조건의 삶을 살고 있다. 그러나 경쟁이 치열한 비즈니스의 세계는 기본적으로 변동 비율의 규칙이 적용되는 세상이다. 그러나 정글 같은 변동 비율 강화 조건에서도 분명한 차별성을 갖추면 고정 간격의 게임을 펼칠 수 있다. 유명한 맛집이나 매진 사태가 발생하는 매장의 경우 변동 비율의 세계에서 고정 간격으로 게임 조건을 바꾼 것이다. 하루에 몇 그릇을 팔고 나면 시간과 상관없이 문을 닫는 식당들도 그렇다. 그들은 남들에 의해 만들어진 룰이 아닌 자기만의 룰로 게임을 만들어 간다. 나는 지금 변동 비율의 게임 규칙에 앞서 어떤 준비를 하고 있나? 인생 후반전에 스스로에게 계속 던져야 할 질문이다.

11

내가 바뀌어야
남이 바뀐다

모든 운동의 원인은 내부에 있고
개인이든 국가든 자기반성이
자기 합리화나 자위보다는
차원이 높은 생명운동이다.

신영복

당신은 회사 영업팀의 팀장이다. 팀에는 10년 차 영업 과장인 팀원 둘이 있다면, 당신은 A와 B 중에서 누구를 더 신뢰하겠는가?

A 팀원: 정직, 성실, 근면, 배려, 존중, 협조성이 우수함. 그러나 영업 실적과 신규 고객 개척은 최하위, 전문 지식과 고객 문제 해결도 낮은 수준.

B 팀원: 영업 실적과 신규 거래선 개척 탁월함. 전문 지식과 문제 해결력도 우수. 그러나 자신의 실적만 믿고 안하무인, 윤리 규정 위반, 동료에게 비협조적, 팀 내 문제 야기 중.

이런 질문을 던지면 응답자들은 대부분 난감해한다. 그러면서 "둘밖에 없느냐?", "제3의 인물은 없느냐?"라고 묻는다. 보험 회사 지점장을 대상으로 한 워크숍에서 나왔던 인상적인 답변은 "평상시에는 A를 신뢰하다가, 월말 마감 때 실적이 모자라면 B를 신뢰하면 된다."였다. 표현은 다르지만, 이 사례에서 사람들의 핵심적인 느낌은 '둘 다 신뢰하기 어렵다'였다. 왜냐하면 우리가 누군가를 신뢰할 수 있으려면 A가 가진 올바른 인간됨(성품)과 B가 가진 능력(역량)을 모두 필요로 하기 때문이다. 여기서 알수 있듯이 신뢰는 성품과 역량 두 가지 요소의 결합이다. 이 성품과 역량의 결합이 신뢰할 만한 가치가 있음을 의미하는 신뢰성 trustworthiness을 만든다. 개인 차원에서 리더십의 핵심은 신뢰성을 갖추고 있는가이다.

리더십을 만드는 출발점이자 핵심, 신뢰

리더십은 하나의 차원이 아니라, 양파와 같이 다차원적인 중층구조로 구성되어 있다. 개인 차원에서 나아가 대인관계 차원에서 리더십의 핵심은 신뢰이다. 한 개인이 신뢰성을 가지고 있어야 대인관계에서 신뢰를 얻을 수 있다. 신뢰성 있는 언행을 보임으로써 상대방이 신뢰하게 된다는 의미이다.

그렇다면 신뢰의 본질은 무엇일까? 저자가 박사과정 대학원 세미나 때의 일이다. 개인적으로 신뢰에 관해 가장 정확한 정의라고 생각하는 말을 당시 교수님께 들었다. 비교적 아주 정확히 기억나는 당시 교수님의 말은 "상대방의 행동을 내가 완전히 통제할 수 없는 상황에서 그 상대방이 내가 예측(기대)한 대로 어떤 유익한 활동을 할 것이라고 믿고 의지하는 정신적 상태"가 신뢰의 정의라는 것이다. 여기서 핵심은 예측 가능성과 의지할 수 있는가다.

신뢰의 본질은 일관성에 기초한 예측 가능성이다. 어떤 사람의 성품과 역량이 훌륭하게 결합되어 있다면, 우리는 그 사람의 행동을 예측할 수 있고 의지할 수 있다고 느낀다. 결국 신뢰는 신뢰성을 갖춘 사람에게서 나온다는 말이다. 인간은 자기가 갖지 못한 것을 남에게 줄 수 없다. 본인이 신뢰성을 가지고 있어야만 남들에게 신뢰를 얻을 수 있다.

팀과 부서를 이끌 때 리더십의 핵심은 임파워먼트^{empowerment}이다. 리더가 가진 결정권과 실행권 등의 파워를 구성원에게 일정 부분 이양하고 자율성을 주는 것이다. 임파워먼트를 권한 위임으로 번역하는 경우도 있으나 권한 위임과는 다른 차원이다. 임파워먼트는 '상대방을 신뢰하고 그가 가진 현재 능력뿐만 아니라 잠재 능력까지 키워주고 기회를 주는 것'이라고 정의할 수 있다. 임파워먼트하기 위한 전제는 상대방에 대한 신뢰 수준이다. 신뢰 수준이 높다면 충분한 임파워먼트가 이루어질 수 있으나, 신뢰 수준이 낮다면 리더가 믿고 맡기기는커녕 일거수일투족을 매번 관리 감독해야 할 것이다. 결국 임파워먼트를 만드는 출발점은 상대방에 대한 신뢰 수준이고, 그 신뢰는 신뢰성에서 나온다.

전체 조직 차원에서 본다면 리더십은 '한 방향 정렬^{alignment}'을 목표로 해야 한다. 전체 조직 프로세스와 시스템 그리고 구성원들이 조직의 목적과 목표에 한 방향 정렬되어 한마음으로 나아가는 것을 의미한다. 한 방향 정렬은 각 구성원들이 자율성을 가지고 충분히 '임파워먼트'된 상태에서 가능해진다. 최고 수준의 관계는 마주 보는 것이 아니라 같은 곳을 바라보는 것이라는 말도 같은 맥락이다.

결국 리더십을 만드는 출발점이자 핵심은 개인의 신뢰성이다. 신뢰성이 신뢰를, 신뢰가 임파워먼트를, 임파워먼트가 한 방향 정렬을 가능케 하는 구조다. 이렇듯 리더십은 나부터 시작해서 타인으로, 조직으로, 외부 세계로 확장되는 인사이드 아웃inside-out의 구조를 띠고 있다.

자기반성, 나에게서 원인 찾기

‘수신제가치국평천하修身齊家治國平天下’. 사서의 하나인 『대학』의 첫 장에 나오는 문장이다. 자신을 먼저 다스리고 집안, 나라, 천하를 다스린다는 의미다. 『대학』은 수기치인修己治人의 도를, 먼저 자신에게서 출발하여 세상으로 나아가는 방식을 강조한다. 『맹자』에 다음과 같은 문장이 있다. ‘인仁이라는 것은 활을 쏘는 것과 같으니, 활을 쏘는 자는 자기 몸과 마음을 바르게 한 후 활을 쏘되, 설사 화살이 과녁에 적중하지 못하더라도 자기보다 나은 사람을 원망하지 아니하고, 맞지 않은 원인을 자신에게 찾아 반성한다仁者如射 射者正己而後發 發而不中 不怨勝己者 反求諸己而已矣.’

『맹자』의 문장처럼 화살이 과녁을 빗나갔을 때 그 원인을 외부 환경이나 경쟁자가 아닌 자기 자신에게서 찾는 ‘반구저기反求諸己’의 태도는 매우 중요하다. 삶의 자세와 철학에 관련된 것이기 때문이다. 신영복 교수는 그의 책 『강의』에서 반구저기를 설명하면서 "일상생활의 크고 작은 실패에 직면하여 그 실패의 원인을 내부에서 찾는가 아니면 외부에서 찾는가의 차이는 대단히 크다."라면서 "모든 운동의 원인은 내부에 있고 개인이든 국가든 자기반성이 자기 합리화나 자위自慰보다는 차원이 높은 생명운동"임을 강조했다.[64]

반구저기를 비즈니스 장면에 적용해보면 리더가 어떤 접근법을 가져야 하는지 잘 보여준다. 문제가 발생하면 상황이나 구성원을 탓하기 전에 리더 자신이 먼저 자기를 돌아봐야 한다는 것이다. 인간의 본성상 문제가 발생하면 자신을 보호하려는 생존 본능 때문에 외부로 탓을 돌리는 것은 자연스러운 반응이다. 생존 본능은 우리가 원인을 파악하기 이전에 먼저 행동하도록 지시한다. 그러나 무슨 일만 터졌다 하면 '내 탓이 아니라 외부 탓'이라고 대응하고, 자기 책임 의식이나 자기 성찰이 없는 리더는 겉이 아무리 화려해도 그의 리더십 기반은 사상누각에 불과할 것이다. 이 또한 반구저기의 자기 성찰, 인사이드 아웃의 반영이다.

인사이드 아웃과 아웃사이드 인outside-in 방식이 가장 극적으로 드러나는 장면은 변화의 과정에서다. 특히 이 과정에서 리더가 보이는 모습을 보면 인사이드 아웃과 아웃사이드 인의 방식중 어느 것을 선택하였는지가 분명하게 드러나고, 이러한 선택은 결과에도 직접적인 영향을 미친다. 많은 경우 리더가 보이는 모습은 아웃사이드 인 방식이다. 구성원들에게 변화를 지시하고 요구하면서 자신은 변화 과정에서 예외로 남으려는 모습이다. 아웃사이드 인 방식의 특징은 '문제는 저 밖에 있다'라는 사고로 자신을 예외로 생각하며, 내가 아닌 남이 변해야 한다는 접근을 시도하고, 결과가 나온 후에 특히 부정적 결과 이후에 '내 그럴 줄 알았다'라는 사후 확신 편향을 강하게 보이곤 한다. 아웃사이드 인 방식으로 변화가 성공한 사례는 거의 없다. 혹시 있다손 치더라도 일시적인 보여주기일 뿐인 경우가 많다. 아웃사이드 인 방식의 변화는 지속될 수 없는 한계를 지니고 있기 때문이다.

변화는 동심원처럼 나로부터 퍼져나간다

연못에 돌을 던지면 동심원이 퍼져나가는데, 그 모양은 예전에도 그랬고, 앞으로도 영원히 똑같을 것이다. 바로 인사이드 아웃의 형태이다. 이것은 자연의 법칙이다. 이 말이 변화하려는 시도에 주는 시사점은, 우리는 먼저 자기 스스로를 변화시킬 때만이 조직을 변화시킬 수 있고, 자신의 내면을 변화시킬 때 외부 세계도 변화시키게 된다는 것이다. 변화의 마스터키는 인사이드 아웃이다. 언제나 나 자신의 변화가 우선이다. 지금 당신은 자신에게서 먼저 변화를 시작하고 있는가?

내가 바뀌어야
남이 바뀐다

보론

삶과 일에서
변곡점 찾기

삶과 일에서
변곡점 찾기

모든 생명체는 탄생하고 성장하고 성숙기를 맞으며 이후 점차 쇠퇴해간다. 시간의 차이만 있을 뿐 거의 예외 없이 이런 과정을 거친다. 직업의 생애도 마찬가지다. 우리는 직업 세계에 입문한 순간부터 넘어지고 부딪히며 배워나가다가 점차 일에 익숙해지면 얼마간 성숙기를 거친 이후 서서히 기울어간다.

그러나 많은 사람이 이 사실을 애써 무시하다가 스스로 화를 자초한다. 인간은 익숙한 패턴을 반복하고 안정적인 방식을 계속 사용하려는 경향이 강하기 때문이다. 성장기에서 성숙기로 이어지는 곡선을 계속 우상향으로 끌고 가고 싶어 하는 것이다. 하지만 직업의 생애가 가진 속성이 그것을 허락하지 않는다. 특정 지점을 지나면 반드시 쇠퇴할 수밖에 없다.

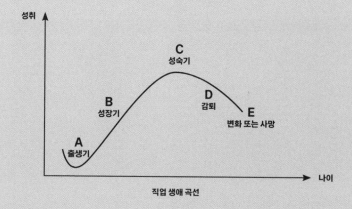

직업 생애 곡선

　직업 생애 곡선을 계속 우상향으로 끌고 가려면, 적절한 시점에서 새로운 두 번째 곡선을 만들어야 한다. 그렇다면 새로운 곡선을 만들기에 가장 효과적인 지점은 어디일까? 반대로 가장 효과적이지 않은 지점은 어디일까?

　사람들에게 새로운 곡선을 만들기에 가장 효과적이지 않은 지점이 어디일지 물어보면 거의 만장일치로 'D(감퇴)' 지점을 꼽는다. 이유는 '너무 늦었거나, 준비가 안 되어 있거나, 새로운 것을 만들 에너지가 없기 때문'이라고 말한다. 마치 가뭄이 든 논에 모내기하거나, 썰물 때 뻘밭에 배 띄우기와 같은 형국이라는 것이다. 그렇다면 남은 A, B, C 중에서 새로운 곡선을 만들기에 가장 좋은 지점은 어디일까? 가장 이상적인 지점은 C(성숙기)일 것이다. 직업 생애 곡선의 성숙기, 즉 절정의 시기에 새로운 직업 생애 곡선을 시작하는 것 말이다. 주식으로 따진다면 특정 종목을 최고가에 팔고 나오는 셈이다.

그러나 이것은 현실적으로 쉽지 않다. 그 이유는 첫째, 성숙기가 언제인지 알아내기가 대단히 어렵기 때문이다. 주식 투자를 생각하면 이해하기 쉽다. 내가 보유한 주식이 현재 최고가인지 예측할 수 있는가? 지금 한창 오르고 있다면 앞으로 더 오를 것을 예상하게 되지 않을까? 마찬가지로 지금 내가 최고의 시기를 지나고 있다면 이것이 정점인지를 지금 상황에서는 판단하기 어렵다.

둘째, 최정상의 시기에 서서 가진 것을 스스로 내려놓고 새로운 직업 생애 곡선을 그려나가기가 심리적으로 쉽지 않다. 사람들은 이런 상황에서 입 안에 넣은 사탕이 튀어나갈까 봐 오히려 입을 꽉 다문다. 새 사탕이 어떤 맛이 날지 모르기 때문에 지금 물고 있는 달콤한 사탕을 못 뱉는 것이다. 그런 시간을 보내다 결국 벼락을 맞고 조직의 중심에서 밀려나거나 퇴출당한다. 직장 생활 30년 중에 10년 이상을 CEO로 재직한 사람도 퇴직 통보를 받으면 세상을 다 잃은 것 같은, '사회적 죽음'을 경험한 것 같다며 우울함을 토로한다. 평범한 직장인 입장에서는 그 정도 했으면 충분히 만족스럽지 않을까 싶지만 정작 본인은 여전히 아쉬움이 많이 남은 것이다. 내려오기 적당한 때란 어쩌면 없을지도 모른다. 모든 인간에게 자연스러운 모습이다.

셋째, 새로운 직업 생애 곡선은 시작하자마자 곧바로 우상향으로 이동하지 않는다. 거의 대부분의 변화(곡선)는 하락기를 거친 후 상승한다. 다시 말해 새로운 곡선으로 옮겨가면 성숙기에 누렸던 안락함과 만족감을 버리고, 다시 에너지를 쏟고 위기를 극복한 후 새로운 결과가 나올 때까지 인내심을 가지고 긴 시간을 견뎌야만 하는 것이다. 그런데 중년에 이런 선택을 하기가 쉬울까? 당연히 쉽지 않다. 안락함과 안정감을 버리고 불확실한 세계에 뛰어드는 건 인간의 기본적인 속성상 어려운 선택이다.

일반적으로 첫 번째 직업 생애 곡선은 C 지점을 지나 결국 D나 E 지점으로 이동하는데, 여기서부터 위기가 시작된다. 곡선의 기울기가 꺾이고 나서는 새로운 직업 생애 곡선을 만들기가 쉽지 않다. 경제적 여유도 없고 그럴수록 심리적으로도 조급해지기 때문이다.

예를 들어, 우리 가족의 한 달 생활비가 300만 원이라고 해보자. 매달 급여를 받으며 300만 원을 사용하는 것과 소득이 끊긴 상태에서 300만 원을 사용하는 것은 심리적으로 하늘과 땅만큼의 차이다. 그 불안함이란 이루 말할 수 없다. 이런 상황에서 새로운 직업 생애 곡선을 만들기 위해 투자를 해야 한다면, 과연 기분이 어떨까?

그래서 새로운 직업 생애 곡선을 만들 수 있는 최적의 타이밍은 이상적으로는 C 지점이지만, 현실적으로는 B와 C 사이 어느 변곡점이다. 변곡점이란 여전히 성장하고 있지만 성장의 기울기가 줄어드는 시점을 말한다. 이 시기야말로 새로운 변화를 시도할 최적의 시기이다. 왜냐하면 기울기가 줄어도 성장세에 있기 때문에 아직까지는 좋아 보이는 시기이고, 새로운 시도를 할 수 있는 여유가 있기 때문이다. 이 때문에 변화에 대한 저항감도 적다.

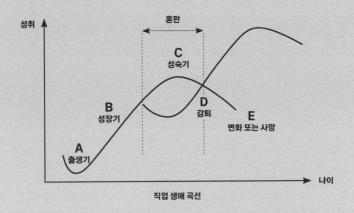

직업 생애 곡선

문제는 그 변곡점을 스스로 알아채기가 어렵다는 것이다. 나중에 되돌아보면 모든 것이 분명하게 드러나지만 당시에는 곡선의 기울기 변화가 뚜렷하게 보이지 않는다. 특히 최정점에서는 모든 것이 마냥 좋아 보이기 때문에 민감하게 의식하지 않으면 지나가고 만다.

"자신이 기획한 코너가 주목받고 인기가 올라갈 때 베테랑 작가들은 다음 작품 준비를 시작합니다. 하지만 대부분의 작가들은 그때를 놓치고, 목에 힘이 들어가고 스타 작가라는 착각에 빠졌다가 불과 3~6개월 이후 다시 차가운 현실을 목도하게 됩니다."

유명 개그 프로그램을 담당하던 어느 PD의 말이다. 그래도 변곡점을 경험해본 사람들은 변곡점의 단서들을 알고 있었다. 중년 리더 워크숍에서 그들이 언급한 변곡점의 단서들은 다음과 같았는데, 이 모든 단서들을 한마디로 요약하면 '익숙함과 편안함, 안주하고 싶은 경향'이다. 만일 당신이 현재 이런 감정들을 느끼기 시작한다면 바로 지금이 변곡점이라는 것이다.

- 호황기: 아주 잘나가고 안정적인 상황일 때, 성장에 취해 자신만만하고 실적이 좋을 때, 모두 다 좋은 이야기만 할 때
- 안주기: 성공에 안주하여 변화의 목소리를 거부할 때, 지금 잘되고 있는데 '웬 변화?'라고 반문할 때
- 적응기: 큰 변화 없이 일상 업무가 지속될 때, 과거 경험에만 의존해서 일 처리를 할 때

변곡점을 말하기는 매우 어렵다. 어쩌면 정답이 없는지도 모

른다. 그래서 변곡점에 대한 응답 중 가장 많이 공감한 것은 "지나기 전에는 알기 어렵다.", 혹은 "지난 다음에야 알 수 있다."는 것이다. 누구나 이런 경험이 있지 않은가? "아, 그때 그 선택을 했어야 했는데…." 그러나 소를 잃기 전까지는 좀체 외양간을 고치지 않으려는 본능적인 습성상 새로운 변화를 미리 모색하기는 쉽지 않다.

변곡점을 알아채더라도 새로운 직업 생애 곡선으로의 성공적인 전환이 어려운 까닭은 새로운 곡선으로 넘어가는 혼란기를 견디기 어렵기 때문이다. 익숙한 옛날 방식과 낯선 새로운 방식이 충돌하면 거의 대부분 익숙한 옛것이 이긴다. 두 가지 사이에서 거의 대부분의 사람들은 예전 방식을 고수하고 싶어진다. 이런 혼란기가 최소 3년에서 길게는 5년까지 지속되는데, 이전에 성공했던 방식을 버리고 새로운 경로를 모색하는 과정은 버티기가 대단히 힘들다. 그러나 그 기간이 반드시 내게 찾아오리라는 것, 그 기간을 견뎌내야 한다는 것을 기억하고 있어야 한다. 두려움과 모호함과 불안은 없앨 수 있는 것이 아니라, 견디고 받아들여야 하는 것이기 때문이다.

이런 이유 때문에 중년 남자들에게는 중년의 삶을 전체적으로 재검토해보고 삶의 자세나 태도를 바꾸는 일이 필요하다. 그래야 정신적으로나 육체적으로 더 건강하고 행복하게 살아갈 준비를 할 수 있다. 이 혼란기를 견뎌내려면 스스로 주위를 둘러보며 나보다 나이가 다섯 살에서 열 살 더 많은 사람 중에서 중년 이후의 삶을 새롭게 구성한 사람, 그래서 나에게 모범이 될 수 있는 사람을 찾아봐야 한다. 그 사람을 보면 힌트를 얻을 수 있다. 그리고 삶을 바꾸려면 용기가 필요하다.

지금 당신은 생애 곡선 위 어디쯤 달리고 있는가?

리더의 성장

지난 10년간 워크숍을 진행하면서 만난 리더는 어림잡아도 2만 명이 넘는다. 국내 유수의 대기업에서 리더를 맡고 있는 사람이 대부분이고, 공기업, 중견 기업, 외국계 기업, 벤처 기업에서 리더를 맡고 있는 사람도 있었다. 워크숍을 국내에서만 진행했던 건 아니다. 사우디아라비아의 발전소 공사 현장에 찾아가 리더와 워크숍을 한 적도 있고, 두바이, 인도, 베트남, 그리고 중국으로 건너가 워크숍을 연 적도 있다. 그중에는 30대에 벌써 임원이 된 사람도 있고, 정년이 채 1년이 남지 않은 말년병장 같은 팀장도 있었다. 9년이나 상무 자리에 머물러 있던 한 분은 "박사님을 만나는 건 올해가 마지막일 것 같네요."라며 다시 못 볼 사람처럼 작별 인사를 나누었는데, 나중에 전무로, 부사장으로 승진하여 승승장구하신 분도 있었다. 한편 리더로서 정말 훌륭한 자질을 갖춘 듯이 보였는데도 상황이 안 맞아서 결국 다니던 회사를 떠나 다른 회사로 옮겨간 분도 있었다. 이 모든 일들을 겪고 지켜보면서 가장 크게 느낀 것은, 세상일은 아무도 모른다는 것, 그리고 지식보다는 지혜가 있는 사람이 상황이 바뀌어도 잘 적응하여 계속 잘 지낸다는 것, 이런 분들이 익숙한 조직을 떠나고도 사람이 덜 무너진다는 것이었다.

책장을 덮을 이즈음에서 독자에게, 리더인 여러분에게 던지고 싶은 질문이 있다.

"리더로서 여러분은 계속 성장해가는 중입니까?"

'성장', '발달' 하면 아동을 먼저 떠올리게 된다. '아동 발달'은 익숙하지만 '성인 발달'은 영 어색하게 들린다. 이처럼 조직에서도 구성원의 성장이라고 하면 익숙하지만, 리더의 성장이라고 하면 낯설기만 하다. 리더는 역량이 뛰어난 사람이고 조직 내에서 그 역량을 이미 검증받았으므로, 구성원과 조직의 성과를 창출하기 위해 구성원을 육성하고 그들에게 동기부여하는 것이 자신의 역할이라고 생각하기 쉽다. 하지만 무엇보다 중요한 것은 리더 역시 성장해야 한다는 점이다. 그러지 않으면 리더는 소모되어갈 뿐이다. 또한 리더가 성장하지 않으면 기업 환경이 이토록 빠르게 변화하는 상황에서 구성원을 육성하고 동기부여하는 일은 대체 어떻게 할 것인가? 그때그때 대충 마련하는 궁여지책으로는 성장할 수 없다. 인생을 통트는 장기적인 관점으로 리더도 리더로서 자신의 성장과 변화를 고민하고 계획해야 한다.

　조직과 기업을 리드하는 리더들에게 자신이 성장하고 있거나 성장했다고 느끼는 때가 언제인지 물어본 적이 있다. 다양한 대답을 들을 수 있었다. 어떤 리더는 더 큰 역할이나 더 중요한 역할을 맡으면서 사고 틀이 확장되어 실제 업무에 전보다 전사적인 가치를 발현시키려 할 때라고 답했다. 또 어떤 사람은 중요한 의사결정의 순간에 지금까지 쌓아온 다양하고 폭넓은 경험을 적절히 활용할 수 있게 되었을 때라고 답했다. 구성원이나 주변 사람들이 성장해가는 모습을 보면 기분이 좋아지는데 바로 그때라고 답한 리더도 있었다. 그중에서 가장 인상적이었던 대답은 '두려움이 줄어들었을 때'였다. 여전히 전장에 나가는 듯한 긴장감을 안고 때로는 힘겹게 리더의 역할을 이어가지만 잘해낼 수 있다는 자신감이 생겼고 전처럼 두려워만 하지 않고 도전하게 되었다는 의미였다.

　이 책을 통해 우리가 일관되게 전하고 싶었던 메시지는 '지혜로운 리더가 되자'는 것이다. 리더십은 어떤 기술이나 거창한 전략에서 나오는 것이 아니라 인간과 세상을 풍부하고 섬세하게 이해하는 지혜에서 나온다. 아주 '실용적인' 지혜 말이다. 지식은 배울 수 있지만 지혜는 배울 수 있는 것이 아니라 스스로 깨달아가는 것이다. 그래서 다른 사람이 가르쳐주거나 다른 사람에게서 배울 수 없고 오로지 스스로 찾아야 한다. 성공하려면 일단 지식을 쌓아야 하고 적어도 실패하지 않으려면 지혜를 터득해가야 한다. 나이가 들수록 지혜가 더 필요한데, 젊어서야 실패해도 금방 일어나지만 나이가 들면 다시 일어서는 데 힘도 많이 들고 시간도 많이 걸리기 때문이다.

리더가 성장하고 리더십을 개발하려면 리더로서 자신의 모습과 리더십에 대해 끊임없이 성찰해야 한다. 성공한 리더의 리더십을 따라 한다고 리더십이 개발되는 것이 아니라는 사실이 핵심이다. 자신을 돌아보고 타인을 통해 자신을 바라보고, 그렇게 같이 일하는 사람을 이해하고 상황을 유리한 쪽으로 바꿔나가며 조직을 키우고 구성원을 성장시키는 데 심리학은 무척 유용한 도구이다. 진정한 리더가 되기 위해, 리더로서 계속 성장해가는 데 심리학이 얼마나 좋은 토대를 만들어주는지 그리고 그 토대 위에서 얼마나 많은 성과를 올릴 수 있는지 이 책에서 알려주고 싶었다.

자신을 돌아보고 성찰할 때에야 우리는 리더십이라는 활시위를 힘껏 잡아당길 수 있다. 활시위를 최대한 잡아당겼을 때 활은 더 멀리 날아간다.

'함께, 멀리' 나아갈 수 있도록 우리의 이야기에 귀 기울여준 독자 여러분께 감사드린다.

주

1부

1 ——
1. Van Boven, L., & Loewenstein, G. (2003). Social projection of transient drive states. *Personality and Social Psychology Bulletin, 29*, 1159-1168.
2. Galinsky, A. D., Magee, J. C., Inesi, M. E., & Gruenfeld, D. H. (2006). Power and perspectives not taken. *Psychological Science, 17*(12), 1068-1074.

2 ——
3. George, B., & Sims, P. (2007). *True North: Discover Your Authentic Leadership*. Jossey-Bass.
4. 노엘 티시, 엘리 코헨(2000). 『리더십 엔진(*The Leadership Engine*)』. 21세기북스.
5. Mitchell, J. R., Shepherd, D., & Sharfman, M. P. (2011). Erratic strategic decisions: When and why managers are inconsistent in strategic decision making. *Strategic Management Journal, 32*(7), 683-704.
6. 타샤 유리크(2018). 『자기통찰: 어떻게 원하는 내가 될 것인가(*Insight: Why We're Not as Self-Aware as We Think, and How Seeing Ourselves Clearly Helps Us Succeed at Work and in Life*)』. 저스트북스.
7. 김경민, 이정란(2012). 『피드백: 성공의 숨겨진 비밀 피드백』. 뷰티플휴먼.

4 ——
8. 동아일보 특별취재팀(2021.12.3.). 좌회전 안전 지킴이 분홍-녹색 유도선. 『동아일보』.
9. 로베르 뱅상 줄, 장 레옹 보부아(2008). 『정직한 사람들을 위한 인간 조종법(*Petit traite de manipulation a l'usage des honnetes gens*)』. 궁리.
10. 리처드 니스벳, 리 로스(2019). 『사람일까 상황일까: 태도와 행동을 결정짓는 숨은 힘(*The Person and the situation: Perspectives of Social Psychology*)』. 심심.

5 ——
11. 디지털뉴스국(2020.3.7.). 직장인 90% "직장생활 중 학벌 등 편견 경험". 『매일경제』.

6 ——
12. 진욱(2023.5.22.). 대기업보다 높고 중소기업 2배 넘는다고?…공공기관 평균 연봉 7000만 원 넘어. 『매일경제』.

2부

1 ——
13. Buckingham, M., & Goodall, A. (2015). Reinventing performance management. *Harvard Business Review, 4*, 40-50.

2 ——
14. Mannheim, K. (1952). The problem of generation. *In Essays on the sociology of knowledge*, 276-321. New York: Oxford University Press.
15. Schuman, H., & Scott. J. (1989). Generations and collective memories. *American Sociological Review, 54*, 359-381.

16. Inglehart, R., & Abramson, P. R. (1994). Economic security and value change. *American Political Science Review, 88*(2), 336-354.

3 —— 17. 이정구(2023.11.27.). 대기업 입사해 임원까지? 직원 120명 경쟁해 1명… 0.83%. 『조선일보』.

18. 한기호(2009.12.10.) 1995년 베스트셀러. 네이버 지식백과, 검색일자 2024.01.10., 사이트 주소 https://terms.naver.com/entry.naver?docId=3568355&cid=58813&categoryId=58813

19. 위키백과. 2015년 대한민국의 베스트셀러 목록. 검색일자 2024.01.10., 사이트 주소 https://ko.wikipedia.org/wiki/2015%EB%85%84_%EB%8C%80%ED%95%9C%EB%AF%BC%EA%B5%AD%EC%9D%98_%EB%B2%A0%EC%8A%A4%ED%8A%B8%EC%85%80%EB%9F%AC_%EB%AA%A9%EB%A1%9D

4 —— 20. 오승혁(2023.8.14.). 이 기업들 신입 HR전략은 '소속감' '애사심' 높이기. 『아시아타임즈』.

21. KBS(2022). 「청년층 퇴사에 대한 인식조사 보고서」. 한국리서치.

22. Sull, D., Sull, C., & Zweig, B. (2002) Toxic culture is driving the great resignation. *MIT Sloan Management Review, 63*(2), Massachusetts Institute of Technology.

5 —— 23. Vazire, S. (2010). Who knows what about a person? The self-other knowledge asymmetry (SOKA) model. *Journal of Personality and Social Psychology, 98*, 281-300.

24. Zell, E., & Krizan, Z. (2014). Do people have insight into their abilities? A meta-synthesis. *Perspectives on Psychological Science, 9*, 111-125. 상관계수는 2개 변수 사이의 선형적 관계를 나타내는 통계 지표인데, -1에서 +1 사이의 값을 가지며, +1은 완벽한 정적 관계, -1은 완벽한 부적 관계이고, 0에 가까울수록 선형적 관계가 없는 것이다.

25. Myers, D. G. (1980). *The Inflated Self*. New York: Seabury Press.

26. Kruger, J., & Dunning, D. (1999). Unskilled and Unaware of It: How Difficulties in Recognizing One's Own Incompetence Lead to Inflated Self-Assessments. *Journal of Personality and Social Psychology, 77*(6), 1121-1134.

27. Ringelmann, M. (1913). Recherches sur les moteurs animes: Travail de l'homme. [Research on animate sources of power: The work of man]. *Annales de l'Institut National Agronomique (2nd series), 12*, 1-40.

28. Kim, W. C., & Mauborgne, R. (2004). *Blue Ocean Strategy: How to Create Uncontested Market Space and Make the Competition Irrelevant*. Boston: Harvard Business School Press.

29. Brosnan, S. F., & De Waal, F. B. (2003). Monkeys reject unequal pay. *Nature, 425*(6955), 297-299.

6 —— 30. Kotter, J. P. (1995). Leading change: Why transformation efforts fail. *Harvard Business Review, 73*, 259-267.

31. 마셜 골드스미스(2011). 『리더십 바이블(*The Many Facets of Leadership*)』. 휘닉스.

3부

1 —— 32. Farson, R., & Keyes, R. (2002). The failure-tolerant leader. *Harvard Business Review, 80*(8), 64-71.

33. 캐럴 드웩(2017). 『마인드셋(*Mindset: The New Psychology of Success*)』. 스몰빅라이프.

2 —— 34. Sapolsky, R. M. (2005). *Monkeyluv: And Other Essays on Our Lives as Animals*. Scribner.

35. 미국 프로야구 오클랜드 팀의 빌리 빈 단장이 주장한 이론으로, 자세한 내용이 궁금하다면 마이클 루이스의 책 『머니볼』과 브래드 피트가 빌리 빈을 연기한 영화 「머니볼」을 추천한다.

36. 티머시 갤웨이(2019). 『이너게임: 배우며 즐겁게 일하는 법(*Inner Game of Work*)』. 가을여행.

3 —— 37. 이기범, 마이클 애쉬튼(2013). 『H 팩터의 심리학(*The H Factor of personality*)』, 문예출판사.

38. 짐 콜린스(2021). 『좋은 기업을 넘어 위대한 기업으로(*Good to Great*)』, 김영사.

39. Kusch, R., Hogan, R., Sherman, R., & Czernik, A. (2019). Our View on New Leadership: How to Grow Humility in Charismatic Leaders. *RELEVANT Managementberatung*.

40. Owens, B. (2013). Humility in organizations: Implications for performance, teams and leadership. *Organization Science, 24*, 1517-1538.

41. 로버트 퀸(2005). 『리딩 체인지(*Building the Bridge as You Walk on It: a Guide for Leading Change*)』. 늘봄.

42. 태드 개벌린, 론 시먼스(2006). 『인격의 힘(*A Question of Character*)』. 이지북.

4 —— 43. Shaw, A., Li, V., & Olson, K. R. (2012). Children apply principles of physical ownership to ideas, *Cognitive Science, 36*(8), 1383-1403.

44. Izuma, K., Saito, D. N., & Sadato, N. (2008). Processing of social and monetary rewards in the human striatum. *Neuron, 58*, 284-294.

45. 김인수(2012.11.23.). 美캠벨 살린 전설적 CEO 더글러스 코넌트. 『매일경제』.

46. 그리스 신화에 나오는 시시포스는 코린트의 왕이었으나 생전의 죄로 지옥에 떨어져 언덕 위로 바위를 밀어 올리는 형벌을 받게 된다. 돌은 정상에서 다시 아래로 굴러 내려오기 때문에 시시포스는 끊임없이 이 일을 반복해야 한다.

47. Norton, M. I., Mochon, D., & Ariely, D. (2011). The IKEA effect: When labor leads to love. *Journal of Consumer Psychology, 22*(3), 453-460.

48. 김표향(2021.3.23.). "회사는 창의적·집은 효율적"…포스트 코로나 시대엔 혼합 근무가 뜬다. 『한국일보』.

49. 윌리엄 더건(2008). 『제7의 감각: 전략적 직관(Strategic Intuition)』. 비즈니스맵.

50. Dunbar, K. (1999). How Scientists Build Models In Vivo Science as a Window on the Scientific Mind. In Magnani, L., Nersessian, N. J., Thagard, P. (eds) Model-Based Reasoning in Scientific Discovery. *Springer*, Boston, MA. 85-99.

51. Lakhani, K. R. (2008). InnoCentive.com (A). Harvard Business School Case, 608-170.

52. 스티븐 존슨(2012). 『탁월한 아이디어는 어디에서 오는가(*Where Good Ideas Come From*)』, 한국경제신문.

53. 1961년 4월, 미국 케네디 정부가 쿠바의 피델 카스트로 정권을 붕괴시키기 위해 쿠바 출신 망명자들과 미군을 동원해 쿠바 남부 피그스만을 공격하다 실패한 사건이다.

54. Janis, I. L. (1972). *Victims of groupthink: A psychological study of foreign-policy decisions and fiascoes*. Houghton Mifflin.

55. 김호인, 김훈태, 손영우(2016.3.17.). Big Data로 들여다 본 집단지성과 집단사고의 차이. 포스코경영연구원. 사이트 주소 https://www.posri.re.kr/ko/board/content/13870

56. 오마에 겐이치(2012). 『난문쾌답(大前研一: 洞察力の原点)』. 흐름출판.

57. 이인준(2022.2.11.). 직장인 10명 중 7명 "인사 평가 결과 만족 못해". 『뉴시스』.

58. Scullen, S. E., Mount, M. K., & Goff, M. (2000). Understanding the latent structure of job performance ratings. *Journal of Applied Psychology, 85*(6), 956-970.

59. 오원석(2021.11.29.). 삼성전자, 앞으로 '30대 임원' 나온다…직급별 체류기간 폐지, 『중앙일보』.

60. 마커스 버킹엄(2002). 『위대한 나의 발견 강점 혁명(*Strengthsfinder 2.0*)』. 청림출판.

61. Hofstede, G. (2001). *Culture's Consequences: Comparing Values, Behaviors, Institutions, and Organizations Across Nations*. Thousand Oaks, CA: Sage.

62. 김경민, 이정란(2012). 『피드백: 성공의 숨겨진 비밀 피드백』. 뷰티플휴먼.

63. 더글러스 스톤, 쉴라 힌(2014). 『하버드 피드백 기술(*Thanks for the Feedback*)』. 21세기북스.

64. 신영복(2004). 『강의: 나의 동양고전 독법』. 돌베개.

심리를
알면
리더십이
보인다

2024년 2월 15일 초판 1쇄 찍음
2024년 4월 29일 초판 2쇄 펴냄

지은이   최윤식·김도환·구자복
편집   임현규·한소영
디자인   강나나
마케팅   김현주
펴낸이   윤철호
펴낸곳   (주)사회평론아카데미
등록번호   2013-000247(2013년 8월 23일)
전화   02-326-1545
팩스   02-326-1626
주소   03993 서울특별시 마포구 월드컵북로6길 56
이메일   academy@sapyoung.com
홈페이지   www.sapyoung.com

ISBN   979-11-6707-141-5 (03180)